Alexandre MURAT

La Morale

à l'Ecole Nationale

de Demain

La Morale à l'Ecole Nationale d'Aujourd'hui

= CE QU'ELLE EST =

CE QU'ELLE DOIT ÊTRE

Fernand NATHAN, Libraire-Éditeur
16, Rue des Fossés-Saint-Jacques -- PARIS (Vᵉ)
—
1920

La Morale

à l'Ecole Nationale

de Demain

Alexandre MURAT

La Morale
à l'Ecole Nationale
de Demain

La Morale à l'Ecole Nationale d'Aujourd'hui

= CE QU'ELLE EST =

CE QU'ELLE DOIT ÊTRE

FERNAND NATHAN, Libraire-Éditeur
16, Rue des Fossés-Saint-Jacques -- PARIS (Vᵉ)

1920

La Morale à l'Ecole Nationale de Demain

LIVRE III

L'École Nationale -- Sa morale théorique

Application de la méthode des trois degrés à la recherche du devoir

> Bien : c'est vie ou réalité, vérité, beauté. Devoir : c'est respect de la vie ou justice, solidarité, amour.

INTRODUCTION A LA MORALE

Dans le livre II, nous avons fixé les principes de l'école nationale ainsi que sa méthode. Il nous reste à établir sa morale.

De toutes les questions qu'on agite autour de l'école, celle de la morale est la plus angoissante. Si, en effet, l'idéal laïque a été nettement défini, la morale adéquate à cet idéal est encore à trouver. C'est que, s'il est relativement facile de dire ce que n'est pas la morale laïque, il est très difficile de dire ce qu'lle est et ce qu'elle doit être. Il est pourtant nécessaire d'en déterminer au plus vite les éléments pour que l'éducateur, lorsqu'on lui demande une règle de conduite, puisse répondre : Voilà votre devoir ; voilà les raisons pour lesquelles vous devez l'accomplir ? Voilà comment ? Voilà le critérium qui doit vous guider dans toutes les circonstances de la vie ? A tout prix, il faut fournir à l'homme, qu'il soit ignorant ou instruit, qu'il appartienne au peuple ou aux classes bourgeoises, qu'il soit travailleur manuel ou intellectuel, un idéal d'action et un critérium capables d'orienter sa conduite vers le bien, avec ou sans l'appui des conceptions métaphysiques, religieuses ou philosophiques.

Déjà nous avons découvert une partie de la solution en établissant que les facultés morales devaient être orientées vers le bien, que les préceptes, les exemples et les habitudes devaient avoir pour but l'accomplissement du devoir dans ses trois degrés, que l'apprentissage des devoirs du premier degré devait être imposé, que l'apprentissage des devoirs du deuxième degré devait être exigé avec plus de réserve, que l'apprentissage de la plupart des devoirs du troisième degré devait être laissé à l'entière liberté de chacun.

Mais cette classification des devoirs en trois degrés ne nous renseigne pas sur leur nature. Quel est le fondement non-neutre de ces devoirs ? Quel en est le critérium ? le pourquoi ? le comment ? Quels sont exactement les devoirs de chaque degré ? Quelles sont les sanctions attachées à leur accomplissement et à leur violation ? Sont-elles uniquement terrestres ? Excluent-elles ou n'excluent-elles pas les sanctions d'une vie future ? Quels sont, dans les deux cas, les moyens pratiques de les rendre efficaces ?

Autant de questions qui demandent une réponse précise et nous conduisent tout naturellement à la recherche d'une morale qui soit d'accord avec les principes de l'école nationale, avec sa méthode d'enseignement, avec sa méthode d'éducation physique, intellectuelle et morale, avec la méthode alternative ou méthode mixte des trois degrés.

Nous voulons que les principes de l'école, sa méthode et sa morale fassent un tout indissolublement lié, intangible. Dans ce but, nous voulons établir une morale qui soit acceptée par tous les hommes et ne puisse être combattue au nom d'aucune doctrine, d'aucune religion. Contrairement aux anciennes morales qui sont surtout individuelles et aux nouvelles qui sont surtout sociales, nous voulons une morale à la fois individuelle, sociale, humaine, une morale qui fasse sa part à chacune des autres morales, à chaque individu, à chaque groupe et ne sépare pas en principe ce qui ne se sépare pas en fait. Nous voulons une morale qui soit l'aboutissement logique des autres morales et sans contradiction avec les croyances de chacun, les spéculations de l'esprit, les données de la raison et de la science expérimentale. Nous voulons une morale indépendante qui marque soigneusement le domaine de l'autorité définitive, de l'autorité provisoire, de la neutralité et de la liberté dans le devoir par la détermination pratique du non-neutre réel, du non-neutre conventionnel et du neutre dans le bien. Nous voulons une morale qui soit le couronnement de l'œuvre d'instruction et d'éducation que donnera l'école laïque devenue, dans l'ordre naturel des choses, l'école nationale.

Voilà pourquoi nous n'avons pas voulu tenter une conciliation impossible entre les diverses morales en leur demandant d'abandonner quelques parcelles de leur conception du monde. Nous aurions eu trop peur, en agissant autrement, d'être victime d'un ostracisme général et de faire la conciliation uniquement contre notre propre personne. Nous n'avons pas voulu réaliser une sorte de syncrétisme moral, à l'exemple du syncrétisme religieux et philosophique. Le syncrétisme religieux de Manès qui valut à son auteur d'être écorché vif, le syncrétisme chrétien du luthérien Georges Calixte qui valut à celui-ci la mise à l'index des diverses églises, l'essai de conciliation de la science et de la religion ou rationalisme chrétien, l'essai de conciliation des philosophies ou probabilisme et, plus tard, le criticisme et, de nos jours, le modernisme auraient suffi pour nous en détourner.

Nous poursuivons une chimère, dira-t-on ? car en fait de morale non-neutre, on ne trouvera rien de mieux que la morale laïque. Nous ne le croyons pas, et nous allons essayer de le prouver dans les chapitres suivants. Nous y établirons d'abord que les morales qui sont issues, jusqu'ici, des religions, des métaphysiques et des philosophies positives, issues même de la raison et de la science, ne sont pas des morales non-neutres parce que personne ne peut se vanter d'avoir trouvé une conception véritablement non-neutre du monde. Nous y établirons ensuite que la morale que nous préconisons repose sur une base non-neutre qui réalise l'accord parfait entre toutes les religions et toutes les philosophies, sans exception, une base indépendante et absolument respectueuse de la neutralité scolaire.

Mais avant, nous tenons cependant à faire remarquer, comme nous l'avons fait dans les livres précédents, que nous ne serons pas nouveau parce que nous dirons des choses nouvelles. A peine serons-nous nouveau par l'interprétation de choses déjà dites et redites des milliers de fois, de choses anciennes comme le monde. Rien donc, ici, n'est à nous et nous nous en excusons. Si, d'autre part et malgré notre désir, nous n'arrivions pas à nous faire comprendre aussi parfaitement que nous le désirerions, on nous pardonnera notre impuissance en songeant, à la générosité de notre intention.

CHAPITRE PREMIER

Les bases des morales actuelles ne satisfont pas aux principes de la méthode alternative : non-neutralité, neutralité, liberté et autorité

I

Ce que nous ne nous proposons pas dans ce chapitre.

Nous ne nous proposons pas, dans ce chapitre, de discuter la valeur intrinsèque de toutes les morales au point de vue individuel et social ou de les comparer entre elles pour découvrir la meilleure. « Toutes ont en vue le bonheur de l'homme, même lorsqu'elles se trompent sur les moyens de l'assurer.» Qu'elles tournent parfois contre ce bonheur lorsqu'elles sont trop étroitement liées à un dogme, à une théorie et lui subordonnent tout : individu, famille et société ou qu'elles se préoccupent uniquement de l'individu ou de la société peu nous importe.

Nous voulons simplement rechercher si, dans leurs bases, elles sont d'accord avec la vérité positive, la vérité admise par tout le monde sans exception, la vérité non-neutre; car, malgré leur diversité, les morales diffèrent moins les unes des autres par les devoirs pratiques qu'elles enseignent que par les bases sur lesquelles elles s'appuient et dont elles portent le nom.

Autant de religions, de théories, de conceptions du bonheur humain, autant de morales et de bases du devoir. C'est dire qu'elles sont infiniment nombreuses. Nous montrerons comment ces morales, même la morale rationnelle et scientifique, qualifiées à tort de morale laïque, ne peuvent être la morale de l'école nationale, de l'école de tous.

II

Il n'est pas facile d'expliquer les morales par les religions, les métaphysiques ou les philosophies.

Nous venons de dire que les morales sont aussi nombreuses que les systèmes. « Souvent même, par une interprétation différente, le même système, grâce à son imprécision,

a servi à établir des morales opposées. C'est ainsi que l'épi-
curisme qui est une morale très pure a produit le cynisme, \
que le dualisme a produit la morale mazdéiste très élevée
et le gnotisme qui prêche la condamnation de la vie, de la
procréation. » Aussi n'est-il pas toujours facile d'expliquer
les morales par les religions ou par les philosophies. Ainsi
« les religions antiques n'avaient aucune préoccupatio· de
la morale en dehors du culte qu'elles imposaient ». Des
métaphysiques comme le boudhisme athée ont produit des
religions ; des religions, notamment les religions chré-
tiennes, ont produit de belles morales ; des'morales, comme
le confusianisme, ont produit des religions orthodoxes.
« De nouvelles religions se fondent, de nouvelles théories
apparaissent qui se greffent sur un état social déjà ancien,
le modifient, se déforment jusqu'à rendre la théorie première méconnaissable. »

III

Les diverses morales existantes n'ont pas de base non-neutre.

Que les morales aient précédé ou suivi les·systèmes,
on peut cependant les classer, d'après leurs tendances et
d'après les bases sur lesquelles elles prétendent s'appuyer, en morales barbares, morales religieuses, morales
métaphysiques, morales philosophiques (physiques, rationnelles, etc.), morales positives·ou scientifiques et morale
laïque (sans base).

Les bases religieuses ne sont pas non-neutres

« En dehors des morales païennes qui ont leur fondement
dans le sentiment de conservation personnelle, dans le sentiment de la propriété ou tabou, beaucoup de morales sont
basées sur la révélation, sur le dogme des églises et sur la
tradition, auxquelles elles s'asservissent parfois d'une manière absolue. » Ce sont les morales religieuses, morales
généralement figées, non évolutives.

Les dogmes sont très différents d'une religion à l'autre ;
les bases des morales religieuses sont aussi fort différentes
et admises seulement par un certain nombre d'adeptes.

En dehors du dogme et de la tradition diversement inter-
prétés, ces morales ont-elles au moins un principe commun
universellement admis et qui serait le principe non-neutre
que nous cherchons ? Il y a Dieu, dit-on ? C'est vrai.
Mais en dehors de la manière de le servir, Dieu lui-même
est interprété de façon fort diverse par les religions. Ainsi

les religions polythéistes anciennes et les religions actuelles de l'Inde admettent plusieurs Dieux, comme le Védisme, le brahmanisme, le bouddhisme, l'anthropomorphisme grec ; d'autres religions comme le mazdéisme, le gnotisme, l'albigeoisisme admettent le dualisme divin. Le plus grand nombre des religions actuelles au contraire, le judaïsme, le christianisme, le catholicisme, le protestantisme, le mahométisme n'admettent qu'un seul Dieu.

Sur ces grandes religions se sont greffées d'autres religions qui prétendent également à la vérité absolue. C'est le mysticisme « qui admet l'extase comme unissant mystérieusement l'homme à Dieu »; le théosophisme qui « voit tout en Dieu et admet sa connaissance révélée par la nature » ; le déisme qui « rejette la révélation et croit en un Dieu naturel » ; c'est le Dieu de la religion naturelle d'Auguste Comte, de la religion rationnelle de Kant ; ce sont les dieux des religions diversement appréciées qui s'appellent le mormonisme, l'antoinisme, le védou et le béguinisme. — Un seul dieu, deux dieux, plusieurs dieux ne sont pas des bases communes de la morale.

Le besoin d'unité de base s'est cependant révélé de tous temps. Il s'est traduit par le syncrétisme dualiste de Manès, le syncrétisme polythéiste ou païen des néo-platoniciens et le syncrétisme chrétien de Georges Calixte. C'est encore l'essai tenté de nos jours par le lyonnais M. Joseph Serre ·t tant d'autres. C'est la préoccupation de ceux qui ont fondé dernièrement, en Suisse, l'école religieuse neutre (1) qui a pour base commune la bible. Inutile de dire que toutes ces tentatives n'ont eu qu'un très médiocre succès.

Les bases métaphysiques ne sont pas non-neutres

Les métaphysiques renferment-elles au moins une base non-neutre ? Un rapide examen va nous permettre de nous rendre compte que non. Malgré la diversité de leurs formes, « toutes les métaphysiques cherchent à prouver l'existence ou l'inexistence du monde extérieur ». « Elles s'efforcent d'opérer la synthèse des sciences partielles pour les dépasser et atteindre au principe absolu au-delà duquel il n'existe plus rien. » Si toutes recherchent la vérité en dehors de Dieu, beaucoup aboutissent à Dieu ; les autres y aboutissent aussi, seulement au lieu d'appeler Dieu leur principe premier, elles l'appellent Force, Matière, Cosmos, Etendue, Esprit, etc.

---

(1) Neutre est inexact ; c'est non-neutre qu'il aurait fallu dire.

La plupart des métaphysiques et des religions ont de nombreux points de contact. On peut même admettre en principe que toutes les doctrines religieuses ont leur juxtapositions métaphysiques et vice-versa. « Aux religions polythéistes de l'Inde se sont juxtaposés le sensualisme de Kapila, le système logique de Gautama, le mysticisme de Patandjali », et, aujourd'hui, « la philosophie pessimiste de Schopenhauer qui renouvelle la philosophie bouddhique et base sa morale sur les deux concepts de force et de volonté. » En Grèce, à l'anthropomorphisme religieux s'est juxtaposé l'anthropomorphisme philosophique qui « attribue à Dieu les attributs de la nature humaine idéalisée » ; le néoplatonisme qui « prétend que les êtres sans cesser d'exister en Dieu s'en distinguent par l'émanation suivie d'un retour à Lui » ; le panthéisme stoïcien pour qui « la nature même est Dieu » ; plus près de nous, le réalisme qui « admet l'existence des idées générales et des genres, les universaux, qui sont les modèles des choses » ainsi que le panthéisme de Spinoza pour qui « les êtres ne sont que des modes particuliers, des attributs de Dieu ». « Au dualisme religieux se juxtaposent les deux principes du bien et du mal qui sont la base des métaphysiques d'Anaxagore, de Platon et d'Aristote » ; le spiritualisme qui « enseigne l'existence réelle de l'esprit et admet dans l'homme un principe distinct de la matière ». Aux religions monothéistes se juxtaposent l'idéalisme dans ses diverses formes : l'idéalisme primitif qui « nie l'existence du monde extérieur, la réalité individuelle distincte du moi et n'en admet que l'idée » ; l'idéalisme de Descartes qui « admet que Dieu existe puisque la perfection existe, que tout est mécanisme dans les corps et que tout est pensée dans les -sprits »; l'idéalisme de Berckeley, Hume, Stuart Mill qui « s'appuie sur les données sensibles pour l'étude des choses extérieures «, « l'idéalisme transcendental appuyé sur la raison pure de Kant et de Leibnitz ; l'idéalisme subjectif de Fichté qui n'admet d'autre principe que le moi qui engendre le non-moi ; l'idéalisme objectif de Schelling qui rend au non-moi son existence et le fait dériver d'un principe supérieur, l'idéalisme absolu de Hégel qui attribue aux choses comme explication et origine l'idée pure, la vérité qui précède et engendre l'être ».

Certaines métaphysiques n'ont aucune préoccupation religieuse. Ce sont : l'atomisme qui « explique l'univers par la combinaison spontanée des atomes éléments simples qui jouissent des mêmes qualités que les corps » ; l'hylozoïsme qui « attribue à la matière une existence nécessaire et douée de vie » ; le matérialisme qui « réduit tout ce qui existe y compris l'âme humaine, à l'unité de matière, ou substance étendue en trois dimensions, qui a une conception mécanique de la pensée avec la Mettrie, Helvétius, d'Holbach ; qui conçoit l'intelligence et la pensée comme simple fonction de l'appareil nerveux avec Cabanis, Condillac, Locke ; qui conçoit la force et la matière inséparables avec Vogt, Maleschett, Bûckner ». C'est le monisme qui « prétend expliquer l'univers par l'existence d'un seul élément et, de préférence, par celle du mouvement cosmique (E. Hœckel) et qui est la négation du spiritualisme et du matérialisme par l'identification de la force et de la matière » ; c'est le solipsisme qui « admet des êtres individuels dont la substance est indépendante ». Cette diversité de doctrines (qui ne peuvent se concilier entre elles) sur les principes et la fin du monde a produit « le scepticisme religieux qui n'ose croire de peur de se tromper », l'athéisme qui « nie l'existence de Dieu » et l'antithéisme de Proudhon qui « prétend que la nature divine est opposée à la nature humaine ». Ainsi, pas plus que les bases religieuses, les bases métaphysiques ne réalisent l'accord absolu entre les hommes.

Les bases philosophiques choisies jusque-là ne sont pas non-neutres.

Devant ces contradictions, des moralistes ont « cherché la vérité en dehors des métaphysiques, dans les choses réelles, dans la nature, dans l'homme jugeant inutile la recherche des causes premières, parce que ces causes sont incompréhensibles à l'esprit.

Les uns ont cru trouver cette vérité dans l'empirisme qui ne « reconnaît d'autre réalité que les faits et se refuse à toute spéculation », dans le phénoménisme qui « limite la connaissance aux phénomènes naturels », dans le sensualisme qui prétend « qu'il n'y a rien en dehors des sens ». D'autres comme « Feuerbach affirment qu'il n'y a pas de conciliation possible entre la science et la foi et jugent inutile la recherche des principes premiers » — De là sont nées les morales utilitaires. Epicure, autrefois, Fourrier, de nos jours, prirent pour base le plaisir, la volupté. Bentham prit le bonheur. Suart Mill prit l'intérêt général et chercha le bonheur particulier dans le bonheur des autres, dans le bonheur collectif. Spencer chercha dans l'altruisme la base de sa morale et identifia le bonheur collectif et le bonheur général chez les êtres désintéressés. Pascal, Rousseau, Adam Smith crurent trouver la meilleure base dans le sentiment, et le bonheur dans la recherche de la sympathie des autres. Toutes ses bases sur lesquelles se sont greffées des morales utilitaires, ne réalisent pas l'unité parce qu'elles s'opposent les unes aux autres et n'offrent pas de critérium immuable et universel du devoir.

A coté de ces morales, d'autres se sont fondées sur des données *a priori*, sur « la raison considérée comme la faculté qui permet à l'homme d'atteindre à la vérité absolue ». Ce sont les morales rationnelles ou kantiennes. « Ces morales furent d'abord dogmatiques, car les anciens et les modernes (les platoniciens, les stoïciens, Descartès, Leibnitz, Spinoza ainsi que Kant) affirmaient que la raison était à l'origine des idées premières et permettait de dépasser l'expérience. Plus tard, Kant abandonne sa théorie de la raison et fonde le criticisme qui admet le droit à la critique et refuse aux faits, à la raison pure toute valeur spéculative ». « C'était une solution heureuse, une conception de juste milieu »... Mais la raison elle-même ne peut être considérée comme une base non-neutre puisque les uns la considèrent comme un principe *a priori* et d'autres comme un fait d'expérience, puisque les sensualistes considèrent qu'elle est uniquement due au jeu des organes. « De toutes ces contradictions, de ces excès naquirent le scepticisme philosophique qui n'admet que le démontré, puis le probabilisme qui cherche à concilier le dogmatisme et le scepticisme par la théorie des probabilités appuyée sur la science ». Cependant l'idée de la raison pratique étant acceptée par tout le·monde, on peut la ranger dans le domaine du non-neutre conventionnel.

Défauts des morales et causes de leur échec partiel.

Des morales précédentes, les unes reposent sur Dieu, les autres sur des données, sur des principes *a priori*, les autres sur un seul caractère humain. L'idéal des premières est au-dessus de l'homme ; l'idéal des dernières est au-dessous puisqu'elles ne tiennent pas compte de l'homme tout entier. La morale rationnelle se trouve entre ces deux extrèmes. Toutes ces morales ont un défaut commun au point de vue scolaire et laïque, elles ne tiennent compte que de l'individu ou de Dieu et négligent le concept social, les contingences de la vie réelle, économiques ou autres.

C'est surtout dans ce fait d'ordre pratique et général qu'il faut chercher la principale cause de leur échec partiel, car ces morales au lieu d'être adéquates à la vie, lui sont simplement superposées ou n'envisagent qu'un côté de cette vie.

Les morales positives et scientifiques n'ont pas de base non-neutre.

Frappés par ces objections, un certain nombre de philosophes (Auguste Comte, Karl Marx, Durkheim, Bourgeois), certains naturalistes tentèrent de créer une morale basée sur des faits d'expérience et non sur de vaines spéculations. « Ils voulaient s'élever de généralisation en généralisation à une représentation à la fois systématique et positive de l'univers. » « Les anciens avaient eu l'intuition du positivisme en créant l'ontologie ou science de l'être en tant qu'être. Aristote se demandait déjà comment la pensée peut s'accorder avec la réalité de l'objectivisme et passer du sujet à l'objet. Puis à cet objectivisme se substitua la théorie de la raison suffisante. Mais les précurseurs directs de la philosophie positive ont été Kant par sa théorie de la relativite de la connaissance, Montesquieu et Saint-Simon. »

« Les positivistes envisagent la philosophie de chaque science fondamentale et ses rapports avec l'ensemble des autres sciences ; la connaissance de ces rapports constitue la philosophie positive. » Dans l'anthropologie ou étude scientifique de l'homme envisagée dans la série animale, on s'appuie sur l'anatomie, la biologie, la géographie, la linguistique, la zoologie, la paléontologie, l'archéologie, l'ethnologie, la pathologie, la classification des peuples et de la terre et l'on arrive à la psychologie naturelle et expérimentale ou étude des faits moraux psychologiques individuels. » « Toutes ces sciences convergent vers la sociologie, science finale et universelle, la science la plus haute de l'humanité et la réalité la plus importante et la plus compréhensible que nous connaissions. »

En étudiant les faits sociaux, on arrive à une organisation de la société. Mais cette organisation n'est pas comprise de la même manière par tous ; elle prend divers aspects qui justement lui ôtent son caractère de non-neutralité. Spencer « rattache la société à son système évolutioniste ». Durkheim « établit les règles de la sociologie de l'humanité en dehors de toute considération psychologique. » « Tardes, au contraire, y joint la psychologie sociale. Karl Marx et Loria admettent le matérialisme historique qui subordonne toute évolution sociale à l'évolution économique. » « M. Bourgeois établit la sociologie solidariste. Lambroso, Ferri, Rossi, Tardes créèrent la sociologie criminaliste. Avec d'autres philosophes, la sociologie devient purement mécanique, et réduit à des rapports quantitatifs les lois les plus générales de l'activité collective. »

Le grand nombre de doctrines scientifiques concernant la morale prouve que la science n'est pas une base non-neutre. La science, en effet, ne peut tout démontrer. Elle n'est souvent qu'une interprétation erronée des phénomènes naturels. Les erreurs sont encore plus nombreuses dans le domaine de la psychologie, de la conscience. La morale ne peut être scientifique parce que la science est un instrument de recherche, « un objet d'étude et non un principe de morale ». Les essais tentés sur l'étude des faits sociaux systématisés semblent inconsistants, car si « la morale est un système de faits réalisés, elle est aussi un idéal ». En tirant la morale des faits sociaux, on aboutirait au plus à des morales nationales. La morale pratique doit viser les faits sociaux ; mais la morale théorique, la base, l'idéal, le critère des faits sociaux doit les dépasser tout en leur restant contingent dans le présent. Les morales scientifiques donc, pas plus que les autres, n'apportent une solution définitive. Il n'y en a aucune qui puisse être acceptée par l'universalité des hommes. Elles doivent donc être toutes rejetées.

IV

Beauté et insuffisance de la morale laïque.

Au milieu de cette diversité de doctrines qui prouve l'impuissance complète de l'homme à découvrir le principe premier de l'univers et la difficulté qu'il éprouve à trouver dans cet univers même un principe second ou troisième sur lequel tout le monde puisse se mettre d'accord, la morale laïque a été une tentative de conciliation digne d'une approbation unanime, le port quasi non-neutre offert à tous. Nous disons bien quasi non-neutre. La morale laïque en effet, à tendance déiste à l'origine est devenue purement rationnelle ensuite, rationnelle et scientifique aujourd'hui, depuis qu'on a supprimé les devoirs envers Dieu du programme de morale. Jules Ferry qui en a exposé l'esprit dans d'admirables discours, estimait que les bases morales proposées par les théologiens et les philosophes ne réalisant pas la neutralité (1) complète, il fallait les rejeter en bloc et laisser de côté la morale théorique à l'école primaire. Il voulait cependant, qu'en l'absence de base dogmatique, on fasse un constant appel

____

(1) Aucune morale ne peut être neutre, toutes sont non-neutres : donc le problème de la morale était mal posé et basé sur une erreur foncière : la solution qui lui était donnée ne pouvait que conduire à une équivoque (voir notre livre II ; méthode).

à la raison pratique et à la conscience morale, au sentiment du bien que chacun porte plus ou moins en lui-même. Puis après avoir montré que les devoirs pratiques sont sensiblement les mêmes dans toutes les morales, il insistait longuement sur le respect qu'il convient d'accorder à toutes les croyances, à toutes les théories, à l'individu, à la famille, à la société en ne parlant que des devoirs communs à toutes les morales pour opérer le rapprochement nécessaire des esprits et des cœurs entre les habitants d'une même nation. Il montrait, avec preuves à l'appui, que cette morale admettait l'idée de Dieu et reconnaissait les bienfaits des religions tout en restant indépendantes. Elle apparaissait ainsi comme le résumé, la synthèse de ce qu'il y a de mieux dans l'humanité, la meilleure des morales, la morale purement pratique, donc sans base.

Une telle morale aurait dû réaliser l'accord entre Français, car ce qui importe surtout en morale, c'est moins le principe du bien que sa réalisation. Il n'en a rien été, nous le savons. Si on ne lui reproche pas d'être mauvaise, en soi, on lui fait des objections qui ont une valeur théorique plutôt qu'une valeur pratique, mais qui justifient le combat que lui livrent les morales confessionnelles.

On lui reproche d'être une morale populaire. Dire qu'à l'école primaire, il faut uniquement enseigner les devoirs pratiques et laisser la morale théorique aux lycées et aux facultés, c'est, en effet, admettre qu'il y a deux morales, du moins apparemment : une morale de qualité inférieure pour le peuple et les ignorants, une morale de qualité supérieure pour les bourgeois et les intellectuels. Or, il n'y a pas deux sortes de morales, il n'y en a ou il ne devrait y en avoir qu'une. Les intellectuels ne doivent pas avoir d'autre morale que celle des travailleurs manuels et les ouvriers doivent pouvoir comprendre et pratiquer la morale des riches et des savants. C'est là un raisonnement qui frappe vivement les esprits simples.

La morale laïque, ajoute-t-on, est une morale populaire simplement parce qu'elle n'a pas de base solide (lisez divine). Elle n'est par cela même « qu'un ensemble de préceptes qui restent sans justification suffisante et, par suite, sans autorité réelle sur la conduite des hommes. » On ne nie pas la valeur pratique de la raison et de la conscience, mais on affirme leur insuffisance démonstrative et justificative du devoir. Tant que l'accord ne sera pas établi entre les philosophes sur la nature qu'il convient d'attribuer à la conscience et à la raison, l'affirmation des déistes pourra, théoriquement se soutenir, car il n'est au pouvoir de personne ,de prouver qu'ils ont tort, autrement qu'en opposant une théorie à leur théorie, une affirmation à leurs affirmations.

Du reproche précédent, on en fait naturellement dériver un troisième : le manque d'un critérium simple et sûr du devoir, car si la base n'est pas « solide » le critérium qui en découle manque forcément de rigueur et d'autorité. Le critérium du devoir pur, du devoir pour le devoir, pour le bien tiré de « l'impératif catégorique » de la conscience morale est trop .élevé, trop abstrait pour la majorité des hommes ; il demande un grand effort de raisonnement. Il n'est pas sûr non plus, car tout le monde n'a pas la conscience également claire, la raison également puissante. Ce critérium subit, de ce fait, des variations d'un individu à l'autre, selon la conception que chacun se fait du bien et du devoir.

Nous pourrions répondre avec les rationalistes que la loi morale (fais le bien, fuis le mal) dictée par la conscience est universelle et immuable, qu'elle est obligatoire pour tous, que, seule, la connaissance que nous en avons, la connaissance du bien varie avec le progrès et avec les individus. Mais nous ne voulons pas prendre parti, nous désirons garder la plus stricte indépendance.

Ainsi, qu'on la considère comme une morale purement pratique, comme une morale rationnelle ou comme une morale scientifique, la morale laïque ne réalise pas l'union complète des âmes et ne satisfait pas aux principes de la méthode des trois degrés.

V

Autres bases proposées

D'autres moralistes, pour arriver à la pacification des esprits et des cœurs, ont proposé de prendre pour base la dignité humaine ou l'hygiène.

La dignité humaine ou le respect que l'on a de soi-même est le but de l'éducation, c'est la perfection morale. L'éducation tend à en donner la notion, l'idée et le sentiment aux enfants. Mais justement si c'est un but auquel il faut atteindre, ce n'est pas un principe sur lequel il faut s'appuyer, ce n'est pas une base d'action. C'est au fond la théorie du devoir pour le devoir. La dignité humaine est quelque chose de complexe, de variable d'un individu à l'autre, d'un peuple à l'autre ; elle ne répond pas aux préoccupations matérielles et morales de toute sorte et au besoin d'unité. Si elle est terrestre et vraie, non-neutre, elle n'est ni absolue, ni naturelle ; c'est une notion acquise au cours de l'expérience des siècles ; c'est le résultat du progrès moral, ce n'est pas un principe d'évolution ; la dignité ne se démontre pas facilement. Les fatalistes et les déterministes la nieront. Or, il faut une base que l'on ne puisse nier.

L'hygiène physique que propose M. Marcel Sembat et qu'il étend à l'intelligence et au cœur pour arriver à la synthèse mentale n'est niée par personne sauf par les disciples de Saint Labre qui la répudient. Mais l'hygiène n'est pas à proprement parler un principe ; c'est un ensemble de prescriptions parfois fort variables et fort contradictoires d'un pays à l'autre, d'une époque à l'autre. Elle serait mieux dénommée la morale de la santé. Cette base, comme la précédente, est évolutive mais non immuable ; elle ne revêt pas un caractère d'obligation absolue. Elle n'est pas assez simple non plus. Elle paraît également bien étroite. D'un autre côté, on ne peut arriver à la synthèse mentale que par une série de raisonnements et de déductions parfois subtils. Nous rejetons donc la dignité humaine et l'hygiène pour les raisons ci-dessus énoncées et pour d'autres encore qu'il serait trop long d'énumérer, comme nous rejetons toutes les autres bases.

VI

Les points à étudier pour arriver à une solution logique.

Pour réaliser l'union entre Français, union désirable à tant de points de vue, il apparaît, dès à présent, avec clarté que la morale de l'école nationale doit rentrer dans le cadre de la méthode alternative, qu'elle doit être une morale universelle, que pour être universelle, elle doit reposer sur une base non-neutre, avoir une loi non-neutre, un critérium non-neutre et des devoirs particuliers également non-neutres, le non-neutre étant, ainsi que nous l'avons établi déjà, la vérité positive, réelle, admise par tous et ne contredisant personne en dehors du préjugé, de l'erreur et du mensonge.

La recherche d'une base non-neutre sera donc le premier point essentiel de l'étude que nous poursuivons ici, car la base une fois trouvée, il sera facile d'en faire découler la loi morale, le critérium du devoir ainsi que les devoirs particuliers.

Nous sommes tout naturellement conduits à traiter les points suivants :

1° La délimitation du domaine d'action de la morale ;

2° La recherche d'une base non-neutre prise dans ce domaine d'action ;

3° L'origine et la nature du bien individuel ;

4° L'origine et la nature du bien social ;

5° La qualité et la quantité dans le bien ;

6° La loi morale et le critérium pratique du devoir ou l'établissement sur la base non-neutre, choisie d'une morale indépendante fixe, dans ses devoirs généraux (fixité d'où naîtra l'autorité impersonnelle et l'obligation absolue du devoir), évolutive dans ses devoirs particuliers (évolution qui ménage l'accord du devoir avec le progrès social et la science, et d'où naîtra l'autorité provisoire et la liberté ; les devoirs étant relatifs à cause de la connaissance insuffisante que nous avons du bien, ils n'auront qu'un caractère d'impératif provisoire) ;

7° Le problème de la liberté ;

8° La responsabilité et les sanctions terrestres ;

9° La méthode pratique de l'enseignement et de l'éducation morale.

CHAPITRE II

Délimitation du domaine d'action de la morale et recherche d'une base non-neutre prise dans ce domaine

I

Le domaine d'action de la morale indépendante embrasse la conduite de la vie durant l'existence de l'homme et, par extension, durant l'existence plus ou moins limitée du groupe familial, social, humain.

Par définition, la morale trace les règles de la conduite de l'homme durant son existence. Ces règles peuvent avoir un double but : assurer le perfectionnement et le bonheur de l'homme en ce monde et, ensuite, le bonheur de l'âme dans l'autre, une double fin, une fin terrestre limitée et une fin céleste infinie.

La méthode des trois degrés, la neutralité nous interdisent le second but. La morale indépendante ou non-neutre s'interdit donc (sans le nier) tout ce qui est en dehors de la nature sensible et de la vérité démontrable. Si elle s'interdit ce deuxième but, elle s'interdit du même coup les moyens de le poursuivre ; elle s'interdit d'imposer la deuxième catégorie des devoirs du troisième degré. Si elle avait des préoccupations supra-terrestres, elle violerait la neutralité, comme elle la violerait si, bien que cantonnée dans le connu et le prouvé, elle faisait table rase du passé historique, des religions, des doctrines et niait de parti pris la continuité de l'existence de l'âme ou donnait tort à ceux qui voient la fin de l'homme en ce monde.

La nature de la vie, en effet, est encore un objet de controverse. La vie commence évidemment lorsque sa cause entre en action et finit avec l'action de cette même cause. Dans son développement progressif, elle peut donc se manifester antérieurement à l'existence terrestre de l'homme et postérieurement ; d'où trois stades supposés dans ce que M. Charles Dordmann appelle « une longue sinusoïde ».

1º Le stade (ou la série de stades) antérieur à la vie terrestre ;

2º Le stade terrestre ou sensible ;

3º Le stade (ou la série de stades) postérieur à la vie terrestre.

Si ces trois stades existent, forment-ils, dans le temps, une chaîne ininterrompue, un cercle vital dont le premier moment continue le dernier et dont le dernier est la continuation du premier ? Le premier et le dernier stades étant la dénomination différente de deux moments supposés d'un même stade, n'y a-t-il, au contraire, que deux stades (les deux derniers, création de l'homme par Dieu) ? N'y a-t-il qu'un seul stade, le sensible, dans la manifestation de la vie ? L'homme est-il ou non un être à métamorphoses particulières ?

Nous ne pouvons, dans l'état actuel de la science, pas plus répondre à l'une qu'à l'autre de ces trois interrogations. Mais ce que nous pouvons affirmer, c'est que le stade terrestre ou manifestation sensible de la vie est une réalité. Il commence au moment où la vie agrège la matière (conception) et l'anime pour donner naissance à l'homme. Il se continue par la croissance et se termine au moment où la matière se désagrège dans ce que nous appelons la mort. Nous rejetons donc, sans les nier, les deux autres stades dont nous ne pouvons fournir la preuve scientifique, pour ne retenir que le stade terrestre, le seul dont nous ayons à nous occuper.

Pour toutes ces raisons, la morale indépendante doit se préoccuper uniquement d'organiser la conduite de l'homme sur terre par des règles précises, des sanctions pratiques et immédiates. Son action commence à la création de l'individu et finit à sa mort, car si la vie venait à cesser tout à coup, il n'y aurait plus de préoccupation morale. Dans la vie terrestre elle-même, elle évolue sans cesse dans le présent (continuel devenir), entre le passé et l'avenir et, parce que terrestre, entre la vie antérieure et la vie future.

Son domaine est ainsi nettement déterminé : il embrasse la durée limitée de l'existence de l'homme et par une extension logique, la durée plus ou moins illimitée de l'existence des groupes familial, social, humain, car la vie humaine ne s'arrête pas dans un individu, elle continue à se manifester dans la série des êtres.

La morale individuelle, la morale familiale, la morale sociale, la morale humaine qui ne sont que les étapes successives et le dévloppement harmonieux d'une même morale appartiennent donc bien au domaine terrestre de la vie.

II

La base non-neutre de la morale indépendante est la vie.

Voilà le domaine trouvé. Cherchons la base. Pour rester dans la non-neutralité, nous ne pouvons pas la prendre en dehors du domaine d'action de la morale, du domaine terrestre par conséquent, et, dans ce domaine lui-même, en dehors du connu et du démontré, ce qui nous amène à rejeter tous les principes premiers que nous avons déjà récusés au chapitre précédent.

La seule base de la morale indépendante ne peut être, nous le répétons encore, qu'une base non-neutre, c'est-à-dire un principe positif naturel facilement démontrable, tangible pour tous les hommes, même pour l'ignorant, un des principes du premier degré définis dans notre méthode. Mais, malgré l'apparence contraire, les principes positifs eux-mêmes ne peuvent être pris indifféremment pour base de cette morale. Ces principes sont de deux sortes : des principes généraux ou principes seconds ou effets d'une cause première (nature, vie), et des principes particuliers ou effets d'une cause seconde ou tierce (phénomènes naturels : lumière, pesanteur ; phénomènes vitaux : sentiments intelligence, volonté, raison, conscience).

En dehors des preuves qu'on pourrait fournir pour le démontrer, le simple bon sens nous dit qu'un principe général a plus de valeur qu'un principe particulier pour l'établissement d'une base morale et d'autant plus de valeur qu'il se rapproche davantage des bases métaphysiques (1). Plus la base est générale, en effet, plus elle

____

(1) Nous rappelons ici : 1° que pour les bases naturelles elles-mêmes, nous avons rejeté toutes celles qui n'envisagent qu'un des

explique de faits. Un phénomène particulier (ou un ensemble de phénomènes particuliers ou principes troisièmes) serait une base trop étroite.

Deux bases restent donc en présence entre lesquelles nous pouvons choisir : la nature ou « l'ensemble des forces créées », la vie ou « l'activité propre aux êtres vivants et qui se manifeste chez tous par les fonctions de nutrition et de reproduction auxquelles s'ajoutent les fonctions de relation chez les animaux et la raison et le libre arbitre chez l'homme. »

Laquelle de ces deux bases prendrons-nous ? La vie évidemment, puisque l'homme est un être vivant et que le domaine de la morale indépendante embrasse la vie sensible. Examinons si la vie considérée dans les êtres vivants, dans l'homme réunit tous les caractères d'une base indépendante, d'une base non-neutre.

En premier lieu, elle appartient au domaine terrestre incontestablement. Elle est non moins naturelle. Elle est également un fait positif, démontrable puisqu'elle se manifeste à nous, constamment, dans ses trois moments : naissance, croissance, mort. Elle est aussi un principe constant dans sa cause, et cette constance est nécessaire, car on ne peut songer à bâtir une morale sur un phénomène passager. Elle est constante soit qu'on admette la théorie de la génération spontanée ou celle de l'évolution, soit qu'on admette la création divine.

Elle est encore génératrice de tous les phénomènes dont l'être vivant est le siège (phénomènes physiques, intellectuels, moraux) et, par suite, de tous les phénomènes sociaux et humains issus du contact des individus et de leur réaction mutuelle. Même si elle n'était pas génératrice de tous les phénomènes vitaux, nous n'en percevrions pas moins, grâce à elle, leurs manifestations et ce fait n'ôterait rien à la valeur de notre base. Génératrice ou non de ce que nous appelons les phénomènes vitaux, elle seule nous permet de les constater, de les observer et d'en jouir.

Elle est, enfin, la base non-neutre par excellence, la seule qui soit d'accord avec les principes de l'école nationale, sa méthode d'enseignement et d'éducation, la seule qui réunisse toutes les conditions désirables pour l'établissement d'une morale non seulement individuelle, mais

---

attributs de l'être, ce qu'on appelle les bases physiques : 2° que nous avons également rejeté les bases scientifiques provisoires, les bases individuelles ou sociales, les bases reposant sur un ensemble de règles naturelles et artificielles (hygiène, sociologie, solidarité, dignité, etc.) comme n'ayant pas tous les caractères d'une base indépendante. C'est pourquoi nous jugeons utile d'y revenir dans ce chapitre.

nationale et universelle. C'est la base idéale, la base réellement indépendante dont les autres bases ne sont qu'une cause hypothétique ou un effet particulier, c'est la cause seconde qui ne contredit pas la cause première et la cause finale et qui explique cependant tout ce qui est humain, tous les phénomènes dont l'être est le foyer.

La vie précède-t-elle notre existence terrestre ? La vie continue-t-elle après la destruction du corps ? Quel est son principe ? Qu'est-ce que la vie ? Est-ce une série de métamorphoses (indouisme) dont la vie humaine et terrestre n'est qu'un chaînon ? Est-ce autre chose ? « Pourquoi la vie est-elle apparue ? Pourquoi se perpétue-t-elle ? Quelle est sa signification réelle dans la nature ? »

La morale non-neutre n'a pas à répondre à ces questions qui visent à l'absolu métaphysique, car les doctrines établies à ce sujet sont aussi nombreuses que les philosophes et les savants. Une seule chose lui importe, c'est que toutes ces doctrines admettent que la vie terrestre est un phénomène sensible, un fait positif contrôlable. Nul, en effet, ne nie l'existence des êtres vivants que la vie soit issue d'un plasma créateur (Claude Bernard) ou issue de Dieu. Tout le monde admet la réalité de l'homme, la réalité de la vie. C'est la seule chose qu'il nous importait d'établir, la seule chose nécessaire à l'établissement de la morale indépendante.

Donc en affirmant la réalité de la vie, nous ne violons pas la neutralité. Il sera toujours loisible au prêtre de dire aux enfants : « On vous ordonne de faire votre devoir « au nom de la vie, mais comme la vie est donnée par « Dieu, c'est donc Dieu lui-même qui vous commande le « devoir. Puisqu'il y a un Dieu, aux devoirs concernant « l'existence terrestre de l'homme, il faut que vous ajoutiez « les devoirs envers Dieu. A l'école nationale, on ne vous « les enseigne pas, on réserve ce soin à ceux qui sont le « plus qualifiés pour vous les inculquer, mais on ne les « rejette pas du fait qu'on ne vous les impose jamais ; on en a le respect le plus profond. L'école vous enseigne la première partie de vos devoirs d'homme ; l'église vous enseigne la seconde partie. L'école et l'église vous enseignent toute la morale. » — Les protestants, les juifs pourront tenir le même langage. Les matérialistes pourront dire : « Avec l'homme finit la vie. Contentez-vous des devoirs que l'école vous enseigne. » Les autres philosophes pourront donner de la vie telle explication qu'il leur plaira de donner, mais pas un ne contestera la réalité de la vie et des phénomènes vitaux.

La vie est bien réellement le point non-neutre vers lequel

convergent toutes les théories morales ou plutôt le point d'intersection où elles se rencontrent toutes malgré la diversité de leur direction, de leur point de départ (origine) à leur point d'arrivée (fin). Strictement cantonnée dans ce domaine qu'est la vie terrestre, la morale indépendante est vraiment inattaquable : elle n'en contrarie aucune autre et toutes les autres peuvent rationnellement ajouter leur enseignement à son enseignement, s'appuyer sur elle ou l'englober dans la série de leurs devoirs.

Mais si la vie physique nous apparaît clairement, il n'en est pas de même de la vie psychique, laquelle nous échappe dans ces causes immédiates. Nous n'en connaissons que les manifestations. Mais la manifestation d'un phénomène prouve sa cause et cela nous suffit. Dieu nous a donné une âme diront les théologiens ; l'âme est immortelle diront les idéalistes ; elle préexiste à l'incarnation, elle survit à la destruction du corps. L'âme, au contraire, diront les matérialistes, les phénoménistes, est le résultat des fonctions organiques et cesse en même temps qu'elles.

Peu nous importe, en morale, que la science admette un corps et une âme dépendants ou indépendants l'un de l'autre, une âme mortelle ou une âme immortelle. Qu'importe en dehors du fait positivement connu. La chose existe. Nous pouvons donc l'admettre comme vraie sans violer la neutralité et baser notre morale sur ce fait tant que nous n'en affirmerons pas les causes. Ne nous servons-nous pas de l'électricité sans en connaître l'essence première ? Que tout soit fini ou non après sa mort, l'homme n'en doit-il pas moins agir au mieux de son perfectionnement et de son bonheur propres, au mieux du bonheur et du perfectionnement collectifs ? n'en doit-il pas moins respecter la dignité humaine en lui et dans les autres ? En quoi le bonheur passager en ce monde empêcherait-il le bonheur ineffable dans l'autre ? En quoi la vie présente dirigée vers le bien terrestre gênerait-elle la vie future orientée vers le bonheur céleste.

L'existence de l'âme étant admise indépendamment de sa cause, l'existence de ses facultés est admise du même coup, quelle que soit l'explication que l'on donne de leur manifestation. Nul ne peut nier la sensibilité, l'intelligence, l'activité, la volonté, la raison. Que la conscience soit plus ou moins claire, plus ou moins développée, pourvu qu'elle existe, nous sommes satisfaits.

Que la raison soit admise comme un attribut de Dieu, comme un *credo* métaphysique ou comme le résultat de l'expérience de la vie, peu nous importe enfin. Nous n'avons pas à entrer dans la querelle des empiriques, des sensualistes. Nous admettons qu'elle existe puisque personne ne la nie. Qu'elle préexiste ou qu'elle soit devenue à la suite de la longue expérience des siècles une faculté d'intuition, que ses principes soient des principes *a priori* ou soient des généralisations empiriques susceptibles de variations, peu importe, en effet. Il suffit que, dans le présent, tout le monde admette qu'elle fournit les principes et les lois fondamentaux de la pensée, qu'elle désigne un ensemble d'idées et de jugements que tous les hommes semblent posséder en commun.

La morale indépendante ne contrarie donc aucune théorie ; aucune théorie n'ôte ou n'ajoute rien à sa beauté, à sa vérité.

Positive, naturelle, génératrice ou révélatrice des phénomènes de l'être, la vie a donc bien tous les caractères de la base non-neutre que nous cherchions.

—— ———

CHAPITRE III

L'origine et la nature du bien individuel
Recherche du bien individuel non-neutre

I

Le bien individuel doit être non-neutre ; difficulté de fixer la nature du bien ; ses diverses conceptions.

La vie est une base non-neutre. Mais la vie étant un principe matériel, spirituel ou une émanation de Dieu et non pas une loi morale, cette base est-elle utilisable ? ici commencent les difficultés. La morale indépendante ne dépassant pas la nature doit trouver l'origine du devoir dans la vie même, c'est-à-dire dans l'homme ; et, comme le devoir est la réalisation du bien, elle doit également y trouver le bien et, par suite, la loi morale ainsi que le critérium du devoir. La méthode des trois degrés nous permettra de résoudre ce problème ardu.

Mais avant de prouver que la vie est le bien véritable de l'homme, il convient de rappeler quelques vérités préliminaires et les diverses conceptions du bien.

Et tout d'abord y a-t-il un bien ? « Tout le monde est

d'accord pour reconnaître que quelque chose est bien et que quelque chose est mal. » Mais il ne suffit pas d'affirmer qu'il y a un bien ; il faut fixer ce bien sous peine d'aboutir à une morale flottante et sans action efficace sur la conduite des hommes. Fixer la nature du bien est une tâche si difficile que les générations qui se sont succédé sur le globe n'ont pu s'entendre sur ce point. Il n'y a rien de plus variable, nous l'avons vu en énumérant les bases des morales, que la conception du souverain bien ; elle varie avec les peuples et avec les individus, avec le progrès ; elle offre des écarts considérables du sauvage à l'homme civilisé. et du bon au méchant. Même chez les personnes les plus cultivées, chez les savants, les philosophes, les théologiens, le bien est conçu de façon très différente.

Les uns cherchent le bien souverain et le principe de la moralité dans l'homme, dans la sensibilité, dans l'expérience et n'envisagent souvent qu'un seul caractère de l'homme et voient le bien tantôt dans le plaisir, tantôt dans l'intérêt et l'amour (physique des mœurs). Les autres cherchent le principe de la moralité, le bien dans une réalité distincte de l'homme, Dieu, le Cosmos (métaphysique des mœurs). D'autres pensent enfin que le souverain bien réside dans la raison, « principe supérieur à la nature et inférieur à la divinité, mais qui est conçu tantôt comme une ressemblance avec Dieu, tantôt comme la conformité avec la nature » (rationalisme).

Telles sont les trois conceptions principales du souverain bien dont il est inutile de rappeler toutes les modalités. Chacune de ces conceptions du bien étant dogmatique et excluant les autres, il faut renoncer à les concilier entre elles.

Aussi la morale indépendante ne les discute-t-elle pas, ne les contredit-elle pas (à moins, bien entendu, qu'elles soient en opposition formelle avec une vérité positive, avec le non-neutre, car la vérité n'abdique jamais ses droits) ; elle se borne à faire la part de chacun dans le démontré, le relatif et l'hypothétique. Elle borne son ambition à rechercher le bien positif, le bien non-neutre. en y ajoutant l'idée reconnue non-neutre de la raison pratique.

II

Le bien non-neutre, c'est la vie complète.

Ce bien individuel positif réside dans la vie.. Le premier des biens, en effet, le bien fondamental, ne peut être que la vie, puisque sans la vie « fait essentiel et constitutif de notre nature », il n'y a pas d'êtres vivants et par conséquent ni devoirs, ni droits naturels positifs.

Mais la vie se manifeste sous trois formes à la fois distinctes et inséparables, la forme physique, la forme intellectuelle et la forme morale. Par suite, la vie physique est un bien, la vie intellectuelle un bien, la vie morale un bien.

Le bien individuel, c'est donc la vie complète, intégrale de l'être, c'est-à-dire la vie envisagée dans tous ses phénomènes, dans tous les attributs du corps et de l'âme de l'homme, dans toutes ses facultés ou forces, quelles que soient leur origine et leur nature.

III

Y a-t-il ou n'y a-t-il pas dualité vitale.

Si le bien c'est la vie complète, il n'y a donc ni vice, ni vertu, ni bien ni mal dans l'homme ? Si la vie est bonne par elle-même, il n'y a rien de mauvais dans la création et J.-J.-Rousseau a raison de s'écrier : « Tout est bien sortant des mains de l'auteur des choses. »

Et pourtant chacun s'accorde pour dire qu'il y a dans l'homme un duel constant entre l'esprit et la chair, entre le bien et le mal qui est en lui. Certains philosophes trouvent même que ce dualisme limité au seul combat de l'esprit et de la chair ne constitue pas tout le dualisme humain. Il n'y a pas seulement, disent-ils, lutte entre les facultés, il y a aussi lutte dans chaque faculté entre les divers éléments qui la composent ; il y a lutte dans la chair elle-même entre les organes et les forces physiques, lutte dans l'esprit et la sensibilité entre les forces intellectuelles et morales dont l'âme est le foyer ; cette lutte est un mal, donc la vie est mauvaise.

Ainsi, d'un côté, on prétend que la vie individuelle est un bien, de l'autre qu'elle est un mélange de bien et de mal ou un mal complet.

Il y a donc là une contradiction partielle. Cependant, un examen réfléchi des choses révèle vite que la contradiction n'est qu'apparente. Les deux théories sont vraies : la première est toujours vraie, d'une vérité fondamentale, absolue ; la seconde est souvent vraie dans la pratique de la vie, d'une vérité relative ; mais la seconde n'infirme pas la première, la vérité relative ne contredit pas la vérité fondamentale.

IV

Distinction entre la vie individuelle en puissance et la vie individuelle en action, entre le bien fondamental et le bien pratique. Le mal individuel n'est pas fondamental.

Nous allons le montrer d'une manière très simple en faisant une distinction capitale en ce qui concerne la vie. Nous distinguerons :

1° La vie individuelle en puissance,
2° La vie individuelle en action.

Nous appelons vie en puissance, la vie considérée dans la cellule initiale, dans le germe de l'être vivant. Que cette cellule (ou ce germe) soit considérée par les uns comme renfermant à l'état latent toutes les forces qui se manifesteront plus tard dans l'homme, comme un foyer de forces ; par les autres comme un récepteur de toutes les impressions futures ; par d'autres comme un mécanisme de forces qui crée la pensée ou comme un organisme complexe dont le jeu délicat engendre la plupart des facultés dont s'honore l'individu, etc., nous ne nous en préoccupons pas. Il nous suffit que tous admettent le germe ou la cellule physique et le considèrent à leur tour comme un foyer toujours identique à lui-même ou soumis aux perpétuelles modifications dues à l'intuition ou à l'expérience...

Nous appelons vie en action, la vie considérée dans le développement progressif de l'être depuis le moment de la conception où les forces ou facultés de l'individu commencent à entrer en action jusqu'au moment où elles s'annihilent ou semblent s'annihiler dans la mort.

Nous pouvons maintenant dire ce qu'est le bien individuel et ce qu'est le mal individuel d'une manière très exacte.

Le bien individuel se trouve dans la vie en puissance ; c'est le bien purement fondamental. Il se trouve aussi dans la vie en action ; c'est le bien relatif pratique.

Le mal individuel, par suite, ne saurait être dans la vie en puissance considérée à l'origine de l'homme avant que toute influence mauvaise ait pu se produire, toutes les forces de vie étant à ce moment des biens particuliers. Mais il peut se trouver dans la vie en action.

Il y a donc un mal relatif pratique ; mais il n'y a pas un mal fondamental (1).

____

(1) La thèse du péché originel n'est pas en opposition avec cette conception positive du bien, puisque le bien existait déjà dans

En disant que l'homme était bon à l'origine, J.-J.-Rousseau songeait sûrement au bien fondamental : « tout est bien sortant des mains de l'auteur des choses. » En disant que la société l'avait corrompu, il songeait au mal pratique.

V

Le bien pratique et le mal pratique ont tous deux leur origine dans le bien fondamental, soit qu'on les envisage dans le développement et l'équilibre des forces ; soit qu'on les envisage dans l'emploi des forces.

Puisque la vie considérée dans l'ensemble de toutes les forces de l'être est un bien antérieurement à toute expérience, puisque ces forces sont un bien par elles-mêmes, un bien fondamental, qu'est-ce donc qui constitue exactement le bien et le mal pratiques ? Nous allons l'établir en montrant que le mal et le bien pratiques ont pour commune origine le bien fondamental et proviennent:

1º Du non développement ou du développement normal ou exagéré des forces de l'être, de l'équilibre ou du non équilibre des forces ;

2º De l'application ou de l'usage des forces individuelles conforme ou contraire à la nature et à l'ordre universel.

*
★★

Toutes les forces (ou facultés ou pouvoirs) de l'être ont une fonction à remplir dans la vie. Toutes tendent naturellement à se développer.

C'est dans ce développement que se trouve la première source du bien et du mal pratiques. En effet, les facultés ne sont pas seulement, comme on l'a dit, fin en elles-mêmes ; elles sont fin' dans les individus, tout comme les individus sont fin en eux-mêmes et dans la société ; c'est un enchaînement naturel et rigoureux. La fin des forces individuelles ne doit pas contrarier la fin de l'individu pas plus que la fin de l'individu ne doit contrarier, plus tard, la fin sociale. Toutes les forces de l'être doivent donc concourir à assurer la fin de cet être, c'est-à-dire sa perfection. Or la perfection de l'individu consiste dans le développement harmonieux des facultés. Pour qu'il y ait harmonie, il faut que l'expansion des forces se fasse selon leur degré d'importance, c'est-à-dire qu'il y ait entre elles un équilibre parfait.

Adam et Eve, puisque, la tâche originelle étant effacée chez leurs enfants par le baptême, la vie reste pour eux un bien essentiel.

Si donc le développement d'une force est normal, s'il ne dépasse pas le point au delà duquel il gênerait le développement des autres facultés, c'est un bien.

Si, au contraire, le développement d'une force dépasse ce point, elle accapare toute notre activité (passions, habitudes) et il en résulte une rupture d'équilibre à son profit, une gêne des autres facultés, une sorte d'attentat indirect à leur libre expansion (développement excessif de la mémoire, de l'imagination, du corps, etc.).

Voilà où est le mal. Celui qui a écrit : « le mieux est l'ennemi du bien » n'a fait que traduire en langage courant cette vérité éternelle.

Une force non développée produit également une rupture d'équilibre. Le non-développement des forces est donc encore un mal.

D'un autre côté toutes les forces en puissance étant un bien, elles ont toutes droit à leur développement dans l'ordre, dans l'équilibre ou dans l'harmonie, c'est-à-dire dans la liberté « dont l'harmonie est le principe fondamental ». Il y a, en effet, une liberté intérieure, une liberté subjective des forces contemporaines de leur création ou de leur action initiale et dont toutes ont le droit de jouir dans le respect des autres. Ainsi comprise la liberté, loin d'engendrer l'anarchie et la guerre, engendre l'ordre et la paix intérieurs ; elle est l'expression parfaite de la solidarité naturelle des forces. C'est pourtant cette liberté intérieure qui est périlleuse pour l'homme parce que les forces les plus puissantes ont une tendance à accaparer le pouvoir individuel au détriment, souvent, de la véritable destinée de l'individu. Pour que cette liberté soit un bien, il faut qu'elle soit respectée et nous savons par expérience combien il est difficile d'instaurer en soi le règne de la justice. « Il y faut un pouvoir et une autorité. Or beaucoup d'humains se trompent dans le choix de la force qui doit en assumer la tâche. Malheur à celui qui, dans cette république intérieure, donne la présidence et le pouvoir exécutif au : facultés inférieures et ne laisse pas gouverner sa raison ». Le bien est donc encore dans la liberté, le mal dans l'anarchie ou la tyrannie des forces.

*
* *

Si l'on se place à un autre point de vue, on peut encore dire que le bien et le mal sont dans l'usage des forces, dans la direction que prend leur activité, direction qui suit ou non les lois de la nature.

Le bien est le bon usage des forces. Le mal, c'est le non usage ou le mauvais usage de ces mêmes forces.

Le bien, c'est l'usage des forces conforme à leur destination propre, conforme à la solidarité qui doit les unir : loin de se nuire, elles doivent se prêter un mutuel appui, les plus puissantes rachetant la faiblesse des autres et maintenant ainsi l'équilibre dans l'être. Le bien, c'est l'usage des forces conforme à la justice intérieure.

Le mal, c'est l'usage des forces détournées de leur but pour une fin antinaturelle ou injuste. Les unes cherchent à confisquer les autres, à les contrarier, à les étouffer. Celles-ci réagissent pour reprendre leur place et cet antagonisme crée la souffrance dans l'individu, ce qui a fait dire : « il n'y a pas de plaisir sans douleur ». Et c'est vrai, la douleur est permanente pour l'homme lorsque la contrainte et l'abus, lorsque la passion et l'excès règnent dans son foyer de forces.

Le bien pratique et le mal pratique ont donc vraiment et nécessairement leur commune origine dans le bien fondamental, c'est-à-dire dans les forces vitales en puissance, dans ce que les psychologues appellent les inclinations.

Le mal, c'est l'atrophie ou l'excès du bien ; c'est un bien détourné de son but, détourné de sa fin soit que l'homme l'ignore ou ne veuille pas l'atteindre. L'imagination est un bien, son excès un mal ; la mémoire est un bien, le manque de mémoire un mal ; la sensibilité est un bien si elle cherche ses satisfactions dans les objets permis, elle est un mal si elle les cherche en violation des lois naturelles. (1)

VI

Le dualisme vital individuel réside uniquement dans le développement et l'usage des forces.

Ainsi le mal n'est pas dans les facultés elles-mêmes : il n'y a pas de bonnes et de mauvaises facultés ; il n'y en a que de bonnes. Le dualisme n'est donc pas inhérent à leur nature intime : il réside uniquement dans leur emploi, dans leur cohabitation. De ce que la vérité et l'erreur sont l'objet d'un jugement de l'esprit, il ne résulte nullement que l'esprit est mauvais. De ce que les bons et les mauvais sentiments ont la même source, il ne faut pas en déduire que la sensibilité est mauvaise. Cela prouve simplement que l'esprit et la sensibilité se trompent parfois, l'un dans la recherche du vrai, l'autre dans la recherche du véritable plaisir, du vrai bonheur. La dou-

_____

(1) Il y là toute une conception morale de l'amour, du mariage, des relations sexuelles.

leur elle-même ne prouve pas que la vie soit mauvaise en soi, elle prouve seulement que les forces vitales sont contrariées dans leur expansion naturelle. » « La douleur est contingente, elle n'est pas naturelle. » Au surplus, ce dualisme est l'expression de la sagesse naturelle puisqu'en face de l'oppression, il place la résistance et la modestie en face de l'ambition, le travail en face de la paresse.

VII

Quelques lois concernant le bien et le mal individuels

Nous pouvons, dès à présent, conclure ce rapide chapitre sur le bien individuel par l'énoncé des lois suivantes qui en marquent exactement l'origine et la nature.

1. *Le bien individuel fondamental réside dans la vie en puissance ou dans l'ensemble des forces latentes de l'être.*

Le bien individuel pratique se trouve dans la vie en action, dans les forces agissantes.

2. *Il n'y a pas de mal fondamental.*

Le mal pratique réside dans la vie en action tout comme le bien pratique.

3. *Tout développement normal des facultés est un bien.*

Le non développement ou le développement exagéré des forces est un mal.

4. *Toute force qui se développe conformément aux lois de la nature est un bien.*

Toute force qui se détourne de son but et viole les lois de la nature ou de Dieu est un mal.

5. *Le respect de la liberté intérieure, c'est-à-dire le respect de l'équilibre, de l'ordre et de l'harmonie en soi est un bien.*

La violation de la liberté et de la justice intérieures, l'anarchie et la tyrannie intimes sont un mal.

6. *Lorsqu'il y a équilibre des forces intimes, il y a santé individuelle.*

La santé individuelle est dans la saine trinité physique, intellectuelle et morale.

7. *La dualité entre le bien et le mal n'est pas fondamentale, elle dérive uniquement de l'emploi des forces.*

8. *En définitive, le bien individuel est dans la règle et la modération intimes, le mal dans le désordre et dans l'excès intérieurs.*

CHAPITRE IV

Origine et nature du bien social

I

La vie sociale est naturelle ; elle a son fondement dans le couple.

Nous venons de déterminer le bien individuel en l'envisageant dans son origine et dans sa nature. Il nous faut, à présent, déterminer le bien social, marquer l'origine commune du bien et du mal sociaux, comme nous avons marqué celle du mal et du bien individuels, marquer la similitude absolue du bien individuel et du bien social, leur dépendance et leur solidarité.

✱✱

La vie sociale est naturelle et inséparable de la vie individuelle dont elle est une condition nécessaire. Sans la société, en effet, il n'y aurait pas continuité dans la vie individuelle et sans la vie individuelle il n'y aurait point de société. La vie sociale a son fondement dans le couple ou association de deux vies individuelles d'où naîtront un ou plusieurs individus, le tout constituant la famille. Le rapprochement des sexes est inhérent à la vie et nécessaire à la perpétuation de l'espèce. « Une société où les sexes deviendraient indifférents les uns aux autres, totalement, disparaîtrait avec la génération qui aurait décidé cet état de chose. » L'individu est donc bien l'élément naturel de l'association dont la famille est la première forme, dont le clan, le tribut, la nation sont des formes successives et naturelles et dont l'humanité harmonieusement organisée sera la dernière forme tout aussi naturelle. La seule différence qu'il y ait entre la vie individuelle et la vie sociale, c'est que la vie individuelle se manifeste dans une seule existence tandis que la vie sociale se manifeste à la fois dans l'ensemble des existences individuelles formant ainsi un hyper-organisme vital. Nous verrons par la suite que la vie individuelle, la vie familiale, la vie nationale, la vie internationale sont les conditions indispensables de la vie complète et idéale de l'homme.

II

Il y a un bien social.

Y a-t-il un bien social ? Il ne saurait y avoir de doute à cet égard. Puisque la vie sociale est inséparable de la vie individuelle, la réalité du bien individuel entraîne fatalement la réalité du bien social.

Le bien, pour l'individu, résidant dans ses composantes, les forces vitales ; le bien, pour la société réside logiquement dans ses composants, les individus (ou faisceaux de forces vitales) considérés chacun en particulier ou considérés dans les divers organismes sociaux (ou faisceaux d'individus ayant une commune mission à remplir dans la vie sociale).

La vie sociale — d'autant plus compliquée que le progrès est plus grand et la civilisation plus avancée — comprend donc une vie physique, intellectuelle et morale commune à tous les individus en dépit de ses modalités. Elle comprend, en outre, la vie de tous les organismes et de tous les rouages qui lui permettent de se développer, de se perfectionner et qui peuvent être considérés comme autant de forces sociales ou de groupes de forces individuelles conjuguées.

La vie des individus, leur travail, leurs efforts, leurs réalisations justes, bonnes, sont donc un bien social. L'Etat et ses pouvoirs sont des biens sociaux. Les administrations publiques sont des biens sociaux. Les différents corps de métiers sont des biens sociaux ainsi que le produit de leur travail ; les écrivains, les artistes, les avants et leurs productions (lettres, sciences et arts) sont des biens sociaux. Le bien social est donc la vie sociale complète envisagée dans ses multiples éléments (1).

III

Que sont le bien social, le mal social et le dualisme social.
Le bien social est fondamental ou relatif et pratique.
Le mal social est purement relatif.

Mais la vie sociale complète est-elle un bien véritable ? J.-J.-Rousseau qui avait affirmé l'existence du bien individuel nie l'existence du bien social. Beaucoup de philosophes comme lui voient dans la vie sociale un mal inévitable et nécessaire ou même un mal complet (anar-

---

(1) Nous pourrions aussi montrer que la Nature est un bien social : mais nous serions conduits hors des limites de cette étude.

chistes). D'autres y voient, de même que dans la vie individuelle, un bien ou un mélange de·bien et de mal, causè d'un dualisme général et constant.

Ces théories ne se contredisent pas et s'expliquent si on sait les appliquer à leur objet exact. Ainsi que nous l'avons fait pour la vie individuelle, nous distinguerons entre la vie sociale en puissance et la vie sociale en action.

Nous appelons vie sociale en puissance, la vie considérée dans les cellules initiales (deux) dans les germes des êtres vivants ou foyers de forces individuelles latentes.

Nous appelons vie sociale en action, la vie considérée dans le développement progressif des foyers de forces individuelles (individus) et des foyers de forces sociales (groupements d'individus, organismes et rouages sociaux). Cette distinction nous permet d'affirmer :

1° Qu'il y a un bien social fondamental, lequel réside dans la vie en puissance des individus, dans la cellule familiale ;

2° Qu'il y a un bien social relatif ou pratique lequel réside dans la vie en action des individus ;

3° Qu'il n'y a pas de mal social fondamental, mais un mal social relatif ou pratique, lequel a également sa source dans la vie en action des individus.

Le bien et le mal sociaux pratiques résident dans le développement des forces sociales (individus et organismes), dans leur liberté, dans leur usage.

Les individus considérés comme foyers de forces en puissance étant le bien social fondamental, où se trouvent le bien et le mal pratiques ?

De même que les forces dans les individus, les individus et les organismes sociaux tendent naturellement à se développer. Ce développement naturel des individus est la première source du bien social pratique et du mal social pratique. Le développement normal des individus dans l'ordre et dans l'équilibre, c'est-à-dire jusqu'au point où il ne gêne pas le développement des autres individus est un bien, c'est l'égoïsme normal (1). Le mal est dans le développement exagéré de l'individu poussé jusqu'à la rupture d'équilibre à son profit et jusqu'à la contrainte des autres dans l'égoïsme anormal (2) : beaucoup trop de gens tiennent, dans la société, une place en disproportion avec leur valeur intrinsèque et leur droit naturel.

---

(1) L'égoïsme normal est nécessaire à la défense du bien individuel.
(2) L'égoïsme anormal est la cause de tous les maux sociaux.

— Le développement normal et naturel des organismes sociaux est également un bien social ; chaque organisme ayant un développement en rapport avec son importance ne peut qu'être favorable à la vie sociale. — Un organisme social qui prend trop d'importance est un mal, une gêne pour les autres. Un pouvoir législatif qui se maintient dans son rôle de législateur est un bien , c'est un mal s'il veut non seulement contrôler, mais dominer l'exécutif. Un pouvoir judiciaire qui ne connaît que la loi est un bien ; c'est un mal s'il sort de son domaine ou contrevient aux lois. Un pouvoir exécutif qui se conforme strictement à la loi constitutionnelle est un bien ; c'est un mal s'il commet des abus d'autorité. Une administration quelconque qui reste dans son rôle est un bien ; elle devient un mal si elle se détourne du but pour lequel elle a été créée. Une association qui reste dans les limites de son droit et ne profite de sa puissance que dans l'intérêt général est un bien. Elle devient un mal si elle cherche à dominer par la force. — Il en est dans le domaine humain comme dans le domaine économique où le développement normal est un bien et le développement exagéré un mal : une industrie qui prend trop d'extension devient un mal par les crises qu'elle provoque ; une culture pratiquée exclusivement dans une région est souvent la cause de terribles détresses si la récolte vient à être mauvaise ou à manquer.

On pourrait avec autant de facilité prouver que le non déve'oppement des individus, des organismes sociaux est un mal social. Le mal se trouve aussi bien dans la stagnation dans la force improductive, que dans l'excès et dans l'hypertrophie.

Les forces sociales en puissance (individus et organismes), constituant le bien social fondamental, toutes ont droit à leur plein développement normal, car « la Société n'est pas destructive, mais naturellement protectrice du bien ». — Si elles ont droit au développement, elles ont droit à la liberté. A la liberté personnelle intérieure ou subjective des forces, s'ajoute donc, pour l'homme social, la liberté extérieure ou objective dont il peut jouir dans le respect du droit des autres. (1) Cette liberté est un bien, liberté dangereuse pourtant pour la Société à cause de ses écarts : comme certaines forces dans l'individu, certains individus dans la Société, ou certains groupements, accaparent parfois le pouvoir, la richesse, l'activité sociales, au détriment de la véritable destinée des hommes.

---

(1) Tout individu qui n'arrive pas à établir en lui la liberté intérieure, ne mérite pas de jouir de la liberté sociale.

— Pour rester un bien réel, cette liberté a besoin d'être disciplinée, réglée par une autorité impersonnelle légitime.

— Malheureusement, de même que les hommes se trompent dans le choix de la faculté directrice de leur énergie, la société se trompe dans le choix des gouvernants et la forme du pouvoir. Le mal, c'est donc, d'un côté la tyrannie des individus ou des groupes d'où naissent la douleur et la souffrance de l'être social.

Mais il ne suffit pas que l'homme soit libre et sain d'esprit et de corps, il faut encore qu'il mette son activité au service des intérêts et du bonheur collectifs, comme il faut que les groupements sociaux pratiquent l'entr'aide générale. — Le mal social, c'est la lutte excessive pour la vie égoïste ; le bien, c'est la solidarité étroite des individus et des organismes, la solidarité qui maintient l'équilibre dans le corps social et assure la justice et la liberté à tous, c'est la solidarité des familles et des classes. C'est encore le bon usage des forces sociales. — Le mal, c'est le mauvais usage de ces mêmes forces, c'est leurs déviations vers une fin injuste en opposition avec les lois naturelles ou divines. Aucun individu, aucun organisme social, aucune classe n'a le droit de détourner la vie sociale à son profit particulier. Dans la société, chacun des organismes doit assurer son œuvre spéciale, sans empiéter sur celle des autres et sans l'entraver, tant que cette œuvre n'est pas une gêne injuste. Les individus, dans chaque organisme, doivent accomplir leur tâche sans nuire à la tâche commune. Les hommes étant inégaux en biens pratiques, chacun devrait se placer de lui-même dans l'organisme qui convient le mieux à ses aptitudes, et dans cet organisme, à la place qui lui revient naturellement, au lieu de chercher une place à laquelle ses facultés ne le destinent pas. S'il se trompe dans ce choix ou s'il veut se tromper, les rouages de l'organisme dans lequel il est incorporé se trouvent faussés. — Si l'organisme lui-même veut jouer un rôle en disproportion avec sa fonction sociale, c'est la société entière qui se trouve alors détraquée. Le bien social, c'est donc encore l'adaptation de chaque individu à ses fonctions naturelles. Le mal social, c'est l'usurpation des fonctions, c'est l'arrivisme et l'ambition déplacés, deux crimes sociaux. Qu'on le veuille ou non, de même que dans l'individu, il y a dans la société des individus supérieurs aux autres. Or, plus un homme est parfait, plus haute doit être sa place dans chaque organisme et dans la société. — La nature n'a pas créé les hommes de génie ou de talent, les hommes d'action ou de travail pour assurer seulement leur bonheur propre ou leur bien personnel au détriment des autres hommes, mais pour qu'ils contribuent au bien d'autrui, au bien général ; ils n'ont pas le droit de se soustraire à cette tâche ; ces hommes-là sont un bien social et la société a le devoir de les utiliser au mieux des intérêts du peuple, au lieu d'utiliser de vagues compétences ; l'autorité sera respectée, aimée le jour où elle reposera sur le mérite, le savoir, la supériorité morale de ceux qui l'exercent.

Considérés dans le développement des forces, dans la liberté des forces, dans l'usage des forces, dans leur antagonisme ou dans leur solidarité, le bien social pratique et le mal social pratique ont bien leur commune origine dans le même bien social fondamental.

Le dualisme social n'est pas dans le bien fondamental ; il est dans le bien et le mal pratiques. Il y a un dualisme normal et nécessaire que la société doit maintenir.

En résumé, le dualisme social pratique réside dans le développement démesuré des individus, des groupes ou des partis ou dans la stagnation de leurs forces, dans l'expansion exagérée des organismes sociaux, dans l'importance excessive que prennent certaines classes sociales, certains corps d'état, certaines associations politiques ou autres. Il est encore dans l'excès de liberté qui leur est accordée ou dans l'oppression à laquelle ils sont assujettis. Il se trouve enfin dans la manière dont les groupes et les individus abusent de leur puissance pour un fin égoïste ou néfaste en opposition absolue avec les lois naturelles.

Le dualisme social n'est donc pas dans les individus en puissance ou dans les organismes eux-mêmes, il est dans leur développement naturel, dans leur accroissement, dans la direction de leur énergie et dans l'application de leurs forces. De ce qu'il y a des hommes méchants, pervers, vicieux, il ne faut pas en conclure que l'homme est mauvais en soi. Un abus de pouvoir ne prouve pas que l'autorité impersonnelle de la loi est mauvaise. Parce que quelques juges rendent mal la justice, il ne faut pas en inférer que le pouvoir judiciaire est mauvais. Un service public qui fonctionne d'une manière défectueuse par la faute de ses employés n'est pas forcément mauvais en lui-même.

Le dualisme social n'est pas fondamental. Il est relatif et pratique. Et ce dualisme-là est naturel et nécessaire au rétablissement de l'équilibre social sans cesse rompu, soit au profit d'une classe ou d'un groupe, soit au profit d'un individu. Il est indispensáble pour assurer une justice relative en toute chose.

Le devoir de la société doit être uniquement de maintenir ce dualisme dans des limites raisonnables par une autorité agissante et équitable. Dans l'individu, c'est la force la plus noble qui doit disposer du pouvoir ; dans la société, ce sont les plus nobles citoyens et non les plus brillants, ce sont les plus justes, les mieux équilibrés qui doivent disposer de la force. Dans l'individu, chaque faculté doit être développée conformément à sa fin puisqu'elle a toujours le même objet en vue ; dans la société, les individus, foyers de forces, ne peuvent être classés par catégorie et être définitivement voués à une fonction unique : ils doivent être dirigés à chaque moment de leur existence vers celle des fonctions qui leur permettra d'employer leurs aptitudes, leurs talents au mieux de leurs inérêts propres et de l'intérêt général. On évitera ainsi cette injustice sociale qui prétend enfermer pour toujours un homme dans une situation déterminée et lui interdire d'en sortir au nom d'une autorité tyrannique et abusive. La science, le génie et la vertu ne sont l'apanage exclusif d'aucune classe, d'aucune catégorie de citoyens.

IV

Il n'y a qu'une morale : la morale humaine universelle

Les explications brèves que nous venons de donner montrent que la morale individuelle ou recherche du bien personnel et la morale sociale ou recherche du bien social sont contemporaines l'une de l'autre et inséparables. « Le perfectionnement de l'ensemble ne se sépare pas du perfectionnement de chaque individu, car l'humanité n'existe pas à part des centres individuels dont elle se compose : ou plutôt, c'est le perfectionnement de chaque individu qui ne se sépare pas du progrès de l'ensemble. En nous humanisant nous-même, en travaillant à devenir meilleurs, nous contribuons à l'avènement de la véritable humanité. » La société qui négligerait l'individu ferait un aussi mauvais calcul que l'homme qui négligerait ses facultés, car le bien et le mal sociaux résultent en définitive du bien et du mal individuels, les forces des individus devenant nécessairement des forces sociales. On ne peut pas plus dire que la société est faite pour l'individu qu'on ne peut dire que celui-ci est fait pour la société puisqu'ils sont inséparables l'un de l'autre. On ne peut pas dire que la morale individuelle a sa source dans la morale sociale ou réciproquement puisque toutes deux ont une commune origine ; la vie en puissance ou bien fondamental. Non, la morale n'est pas uniquement individuelle ou uniquement sociale. Il n'y a pas non plus une morale individuelle et une morale sociale séparées, distinctes ; il n'y a qu'une morale à la fois individuelle et sociale, une morale humaine et universelle.

V

Quelques lois concernant le bien et le mal sociaux.

Nous conclurons ce chapitre par l'énoncé de quelques lois sur le bien individuel et social.

1. *La vie individuelle et la vie sociale sont inséparables et condition l'une de l'autre ;*

2. *Le bien social fondamental réside dans la vie sociale en puissance, le couple et la famille.*
Il n'y a pas de mal social fondamental ;

3. *Le bien social pratique et le mal social pratique résident dans la vie sociale en action.*

4. *Tout développement normal d'une force sociale (individu, organisme, groupement d'individus) est un bien social.*
Leur développement excessif ou leur non développement est un mal.

5. *Tout individu qui se développe selon les lois naturelles, tout organisme qui croit selon les lois morales est un bien social.*
Tout individu qui méconnaît ses aptitudes, qui méconnaît les lois naturelles et sociales et oublie d'accomplir son devoir, tout organisme qui sort de sa fonction est un mal social.

6. *Le bien social est dans l'adaptation exacte de chaque citoyen à sa fonction et de chaque organisme à son but spécial, conformément aux lois naturelles.*
Le mal social est dans l'ambition exagérée et dans l'arrivisme des non valeurs et des incompétences.

7. *Le respect de la liberté normale des individus et des groupes est un bien.*
Leur oppression est un mal.

8. *Le dualisme social n'est pas fondamental ; il n'est pas dans les individus en puissance ou les organismes eux-mêmes ; il est dans l'emploi de leurs forces. Le devoir de la société est de le maintenir dans de justes limites.*

9. *L'équilibre entre les individus et les groupements sociaux est un bien social.*

L'anarchie et la tyrannie sont des maux sociaux.

La santé sociale est dans l'équilibre des éléments sociaux normalement organisés.

10. *Il n'y a qu'une morale, la morale humaine dont la morale individuelle et la morale sociale sont les deux aspects naturels.*

11. *La guerre est le mal extrême, le cataclysme où sombrent trop souvent et pour un temps toujours trop long le bonheur individuel et social et la morale humaine.*

12. *Le progrès matériel et moral est possible par l'effort et par le travail qui sont les instruments supérieurs de l'homme dans la recherche et l'acquisition du bien.*

Simple note de complètement au chapitre IV° sur les biens extérieurs ou matériels : propriété du sol, du sous-sol, partage de la terre et de ses produits ; propriété des choses créées.

Chacun sait ce que l'on appelle communément les biens : la propriété du sol, du sous-sol, la propriété bâtie, la richesse, le confort. Ce ne sont pas là des biens moraux puisque le bien moral est en nous (dans les qualités physiques, intellectuelles et morales, pour l'homme, et dans les hommes vertueux, pour la société). Mais la possession de ces biens matériels aide à la possession du bien moral ; on pourrait même dire qu'elle en est la condition essentielle. Le droit à la vie a pour corollaire indispensable le droit à la propriété, le droit naturel qu'a tout homme à posséder une part des choses créées. La possession individuelle est un droit fondamental sans lequel le droit à la vie ne peut s'exercer utilement. C'est pourquoi aussi le droit du premier occupant était, à l'origine, un droit naturel légitime ; ce droit n'est devenu un mal (une sorte de vol anticipé) que parce qu'il s'est exercé dans des limites trop larges au profit d'un individu, au détriment des autres individus. Plus les individus sont nombreux sur le globe, plus leur part personnelle est petite. Le droit de possession devrait pouvoir s'exercer entre un minimum et un maximum que nul ne pourrait dépasser ; le droit au logis et au lopin de terre est un droit naturel ; l'accaparement exagéré est un mal.

La société, elle aussi, a un droit naturel à la possession, droit issu du droit à la vie sociale. Ce droit lui permet de rétablir l'équilibre entre les possédants et de faire accéder à la propriété commune ceux qui possèdent trop peu ou qui ne possèdent rien ; elle établit ainsi une justice relative entre les citoyens.

Jusqu'où peut aller ce droit ? Peut-il aller jusqu'à confisquer toute propriété individuelle et à établir un communisme absolu ? Non. Ce droit cesserait alors d'être un bien pour devenir un mal individuel et social.

L'organisation de la société ne peut avoir pour but d'absorber l'individu totalement, de confisquer un homme au profit d'une raison sociale quelconque ; elle n'a pas pour but de brimer l'individu sous prétexte d'égalitarisme; mais pour devoir de protéger sa vie, d'aider à son développement. Le but commun de l'individu et de la société doit être la fin morale de l'homme dans la liberté normale.

C'est en perdant de vue ces vérités primordiales que l'on arrive à établir des systèmes politiques qui n'ont rien de naturel et par conséquent rien d'humain.

CHAPITRE V

La qualité et la quantité dans le bien individuel et social, son minimum et son maximum terrestre : sa variabilité.
Le progrès par le travail et l'effort.

I

Il faut préciser la nature du bien et le faire connaître en qualité et en quantité.

Nous avons fait connaître l'origine vitale du bien individuel et social ainsi que sa nature, la limite de son développement normal marqué par le respect de la liberté intérieure et extérieure. Il nous reste à préciser sa nature et ses conditions en le faisant connaître en qualité et en quantité, en faisant connaître son minimum fondamental, son maximum idéal terrestre et la variabilité du bien pratique entre ces deux biens extrêmes et fixes.

La qualité dans le bien individuel.

Il y a dans l'homme, c'est un lieu commun, des facultés ou des biens inférieurs et des biens supérieurs. L'importance des facultés, prises en elles-mêmes, en mesure la valeur absolue. Le bien physique, le bien intellectuel, le bien moral marquent la progression ascendante du bien. Et, dans chacune de ces trois formes du bien, il y a encore progression : « progression dans les biens physiques (de nutrition, à locomotion, à reproduction), progression dans les biens intellectuels (de mémoire à imagination, à jugement, à raison), progression dans les biens moraux (d'intention à exécution, de désir à volonté, de raison pratique à bonne volonté) ». Cette progression naturelle constitue l'échelle exacte des biens individuels terrestres dont tout homme doit pouvoir jouir. En bas de l'échelle sont placés les biens physiques les plus grossiers, les plus matériels. Au sommet de l'échelle se trouvent les biens les plus nobles et les plus désirables, le libre arbitre, la volonté et la raison pratique qui est le plus élevé (1).

Plus les biens sont haut placés sur l'échelle individuelle, plus ils ont d'importance au point de vue moral et plus ils doivent acquérir de développement et d'autorité sur les autres. Ces biens étant d'autant plus tyranniques qu'ils sont plus inférieurs, il faut tenir compte, dans l'éducation, de leur place dans la hiérarchie. Les biens physiques ayant pour borne la matière brute doivent être subordonnés aux biens intellectuels qui éclairent l'action des forces physiques. Quant aux biens moraux, ils devraient pouvoir prendre un essor illimité dans la raison, laquelle ne proscrit aucun des autres biens.

C'est la raison, en effet, qui est la gardienne avisée et consciente de la liberté intérieure. « Elle est le législateur de la loi morale comme elle est celui de la loi sociale. C'est elle qui choisit l'action, qui guide les forces dans la bonne voie, qui maintient entre elles l'équilibre et assigne à chacune sa place » au foyer de la vie individuelle. La raison devant tout juger, tout ordonner, tout diriger, peut s'exercer jusqu'à l'infini : elle ne sera jamais trop développée puisqu'elle est la suprême sauvegarde des biens terrestres.

------

(1) Cette progression des biens peut encore servir à marquer le degré de développement des êtres vivants et la place qu'ils occupent dans la nature.

Les minéraux ne semblent posséder aucun bien vital.

Les plantes possèdent les biens qui résident dans les fonctions de nutrition, do reproduction.

Les animaux possèdent en plus les biens qui dépendent des fonctions de relation.

Les hommes y ajoutent le libre arbitre et la raison.

Cette importance différente accordée aux biens particuliers ne rompt pas l'équilibre entre eux, au contraire, elle l'assure et le rend plus parfait. L'équilibre ne consiste pas, ici, dans l'égalité des biens, mais dans l'harmonie ; or, l'harmonie exige justement que les biens supérieurs prennent plus d'extension que les biens inférieurs, qu'ils se développent selon une progression logique et ascendante. Cette loi naturelle fait justice de l'égalité poussée jusqu'à l'égalisation, jusqu'au nivellement.

La quantité dans le bien individuel. Le bien individuel complet.

Où est donc, en définitive, le bien individuel désirable ? Est-il dans la possession des seuls biens supérieurs et dans l'abandon des biens inférieurs ? où est-il, au contraire, dans la possession de la totalité des biens partiels ?

Des philosophes ont prétendu que la possession des biens supérieurs s'opposait à la possession des biens inférieurs. D'autres ont voulu voir le bien dans la seule possession de biens inférieurs.

Les uns et les autres se sont trompés ou se trompent. La vie totalise les biens particuliers. La raison n'interdit aucun de ces biens. Elle ne s'oppose pas à leur expansion. Elle mesure seulement cette expansion, elle la rend normale dans l'intérêt de l'homme ce qui est bien différent.

Puisque le bien individuel prend racine dans la vie physique, s'accroit dans la vie intellectuelle et s'épanouit dans la vie morale, les biens inférieurs sont nécessaires à l'œuvre de vie complète et à l'acquisition des biens supérieurs. « Avoir le bien physique, c'est pouvoir être heureux, avoir le bien intellectuel, c'est savoir être heureux, avoir le bien moral, c'est vouloir être heureux. » De même que la vie physique, intellectuelle et morale forme la vie complète, toutes les facultés forment le *bien complet*, le bien normal, le seul désirable. Le *bien individuel complet*, c'est donc le total de tous les « biens-forces » qu'ils soient considérés dans la vie en puissance ou dans la vie en action.

II

La qualité et la quantité dans le bien social.

S'il est relativement facile de déterminer la qualité et la quantité du bien individuel dans ses composantes les forces ou les facultés, il en est tout autrement pour le bien social dans ses composants les hommes et les organismes sociaux. Il le faut cependant puisque le bien individuel et le bien social s'identifient dans le bien fondamental.

Examinons d'abord la qualité et la quantité du bien social dans ses composants les hommes. L'ensemble des membres d'une société constitue son bloc de bien social dont chaque membre est un bien particulier. De même qu'il y a dans chaque individu des facultés de valeur différente, il y a dans la société des individus supérieurs aux autres parce qu'ils possèdent une plus grande quantité de biens.

La qualité dans le bien social.

La progression de la valeur sociale des hommes sera donc établie d'après la somme des biens acquis par chacun d'eux et mesurés en qualité et en quantité. L'échelle individuelle des facultés va nous servir à établir l'échelle de la valeur sociale des hommes (1). Chez les uns prédominent les qualités physiques, chez d'autres les qualités intellectuelles, chez d'autres les qualités morales. Chez les uns, les qualités physiques et intellectuelles ou les qualités physiques et morales ; chez d'autres, ce sont les qualités intellectuelles et morales ou les qualités physiques et morales ; enfin, toutes les séries intermédiaires dans cette échelle des valeurs. L'homme inférieur est évidemment celui qui n'a qu'une valeur physique ; l'homme incomplet celui qui n'a que quelques qualités ; l'homme parfait, c'est celui qui possède toutes les qualités normalement développées. Plus l'homme sera intelligent, raisonnable, plus il sera parfait, plus il faudra lui accorder de place dans la famille, dans les associations, dans les administrations et dans la politique parce que la société entière profitera de ses qualités.

La raison étant le guide de l'homme et le législateur de la loi morale, le bloc des raisons individuelles en collaboration formera la raison sociale qui fera les lois et veillera au perfectionnement de la société. Cette haute importance accordée d'un côté à la raison, de l'autre aux hommes raisonnables ne rompt pas l'équilibre social, elle en est la sûre garantie. L'équilibre n'est pas dans l'égalité absolue entre les hommes, mais dans l'adaptation de chacun à la fonction pour laquelle le désignent ses qualités personnelles. Il n'y a d'égalité que dans la justice et le droit. Il ne saurait y en avoir ni dans les aptitudes ni dans les métiers. Et, bien qu'il y ait des hommes sans

---

(1) La valeur de l'homme ne dépend donc pas de sa condition sociale : la condition sociale de chacun doit, au contraire, dépendre de sa propre valeur.

raison et des sociétés sans lois raisonnables, la raison n'en reste pas moins le suprême organe de la vérité et du bien.

La quantité dans le bien social.

Le bien social est-il dans tous les membres qui composent la société ou dans ses membres les plus parfaits ? La raison n'interdisant aucun bien, la société ne doit sacrifier aucun homme. — Ce que n'ont pas fait les sociétés passées (esclavage, servage, etc.), ce qu'elles ne font peut-être pas suffisamment aujourd'hui. — Ils sont tous, depuis l'ignorant jusqu'au savant, depuis le travailleur manuel jusqu'au travailleur intellectuel, utiles à cette même société ; ils sont tous un bien ; mais plus il y a d'hommes parfaits, plus la société est parfaite, plus son bien social est grand.

Si nous examinions le bien social dans les organismes sociaux (administratifs, politiques, économiques, etc.), nous verrions également que leur importance ou leur qualité est variable ; mais que tous doivent concourir à augmenter le bonheur général puisqu'ils ont pour but de permettre à chaque individu l'acquisition des biens supérieurs. — Le bien social n'est pas seulement dans les hommes supérieurs ou les rouages sociaux les plus importants, il est dans le total de tous les biens sociaux particuliers. Ce bien social total ou complet ne s'oppose nullement au bien individuel : il en est la garantie, la condition indispensable ; il l'étend, l'ennoblit, le perfectionne, car il lui est supérieur ; d'égoïste, le bien devient altruiste et la perfection de l'homme se confond avec la perfection sociale.

III

Le bien complet est le total des biens individuels et sociaux.

De ce qui précède, il résulte que le bien désirable pour l'homme social, ce n'est pas le bien individuel et social supérieur ou inférieur, mais le bien individuel et social complet.

Mais ce bien complet pouvant être considéré dans l'humanité entière, dans n'importe quel homme pris dans n'importe quelle génération, il est nécessaire de préciser davantage sa nature idéale et sa signification pratique.

A quel moment de l'existence de l'individu et de la société

faut-il le considérer ? Est-il fixe ou variable ? Autant de questions auxquelles il faut répondre pour pouvoir mesurer le bien avec certitude et formuler avec précision la loi morale.

Il y a deux biens fixes et deux biens variables.

Nous distinguerons d'abord, dans ce but, comme nous l'avons déjà fait pour le bien en général, deux biens fixes :

1º Le minimum de bien positif complet fondamental ou originél ;

2º Le maximum de bien positif complet ou idéal.

Puis entre ces deux biens extrêmes fixes nous distinguerons encore deux biens pratiques variables :

1º Le bien positif pratique minimum ou initial ;

2º Le bien positif pratique maximum.

Il y a un minimum de bien positif complet fondamental ou originel.

Le minimum de bien positif complet fondamental ou originel est le bien complet considéré dans le premier homme et dans le premier couple, à leur création, à l'origine de l'humanité. Il est composé de tous les biens particuliers individuels et sociaux en germe dans la vie en puissance. C'est le bien originel non perfectionné.

Il y a un maximum de bien positif complet ou idéal terrestre.

Le maximum de bien positif complet ou *idéal terrestre* est le bien complet considéré dans un homme parfait et dans une société parfaite à quelque point de vue qu'on l'envisage. Il est composé de tous les biens individuels particuliers qu'il est permis à l'homme d'acquérir par lui-même et de tous les biens sociaux particuliers à la possession desquels on peut arriver dans la vie en commun.

Le bien maximum idéal, c'est la perfection complète dans le bien terrestre, c'est le développement normal et total de toutes les forces de l'homme, c'est la vie même prise dans sa fin positive idéale. Ce double bien maximum individuel et social, c'est *l'idéal terrestre*, c'est-à-dire le plus noble et le plus haut développement vital physique, intellectuel et moral auquel l'homme puisse prétendre arriver par une série d'efforts individuels et sociaux coordónnés. Cet idéal terrestre est le seul que la morale indé-

pendante puisse imposer par respect de la neutralité et
de la liberté.

Pourquoi nous n'appelons pas ce bien idéal le souverain bien ?

La possession du bien maximum assure l'équilibre parfait dans le bien ou, ce qui revient au même, la santé de
toutes les forces vitales. Mais *ce bien maximum nous ne
l'appelons pas le souverain bien, le bien fini ; nous ne
l'opposons pas aux autres conceptions du bien*, car nous
ignorons si ce bien n'a pas une progression future, nous
ignorons même si l'homme est capable d'atteindre à cet
idéal terrestre.

La physique des mœurs, il n'est pas inutile de le répéter,
place l'idéal entre le bien minimum et le bien maximum,
plus ou moins près de l'un ou de l'autre. Nous ne la contredisons pas, hormis dans l'absurde si l'absurde est démontré. — La métaphysique place l'idéal au-dessus du
maximum terrestre et affirme que la perfection est dans
l'au-delà. Nous ne la contredisons sur aucun point. — Le
rationalisme place la perfection dans la raison et se trouve
sur plus d'un point presque d'accord avec notre conception
de l'idéal terrestre. Nous ne le contredirons pas sur les
autres points puisque la raison est le bien supérieur, facteur essentiel de la moralité qui seul permet d'atteindre
sûrement à la possession de l'idéal positif.

Deux caractères essentiels du bien minimum fondamental et de l'idéal terrestre : non-neutralité et fixité

La conception du bien individuel et social minimum et
du bien individuel et social maximum est donc réellement
une conception non-neutre du bien. Ces deux biens, en
effet, s'identifient avec la base de la morale, avec la base-
vie, avec la vie en puissance, ce qui est essentiel pour
l'établissement d'une morale indépendante.

Mais ces biens, minimum fondamental et maximum
idéal, ont une autre qualité indispensable sans laquelle
il serait impossible d'établir une loi morale inattaquable
et un critérium universel, pratique et sûr du devoir, c'est
la fixité. Le bien maximum idéal individuel et social ou
idéal terrestre étant le plus élevé auquel l'homme puisse
atteindre durant son existence, est un bien fixe — non pas
fini — dans la durée et pour toutes les générations passées,
présentes et futures. Le bien minimum fondamental, individuel et social étant considéré, à la création, dans le pre-

mier homme et dans le premier couple est également un bien fixe (1).

Entre les deux biens fixes précédents, il y a des biens pratiques variables.

Entre ces deux biens fixes, il y a toute une série de biens intermédiaires qui constituent ce que nous appelons les biens pratiques et qui ont tous leur origine dans le bien fondamental.

Le bien pratique est celui que possède l'homme à chaque moment de son existence depuis sa conception ou sa naissance jusqu'à sa mort. Pour mesurer ce bien pratique dans chaque individu, il faut le considérer dans son minimum initial et dans son maximum positif.

Le bien pratique minimum ou initial, individuel et social, est le bien que possède l'homme à sa naissance et à n'importe quel moment de l'humanité qu'on le considère (que ce moment soit passé, présent ou futur), dans n'importe quel pays et chez n'importe quel peuple. — Ce bien est complet lorsque l'enfant est engendré par des parents dont toutes les facultés sont normalement développées, c'est-à-dire lorsqu'ils jouissent de la santé complète du corps et de l'âme et lorsque cet enfant lui-même possède, en puissance, toutes les qualités normales de l'être.

Le bien maximum pratique, individuel et social, est la plus grande quantité de bien que possède ce même homme

---

(1) **NOTE** : Les deux idéals : (chapitre supprimé.) *Il résulte de cette étude qu'il y a deux idéals en morale.*

Le premier est un idéal positif terrestre fixe (ou réel) commun à tous les hommes (celui que nous venons de déterminer). C'est un idéal d'union. Ce n'est pas le souverain bien, le bien fini ; c'est le bien individuel et social, perfectionné et complet, auquel tout homme peut vouloir essayer d'atteindre durant son existence. Celui qui posséderait cet idéal, ne serait pas un surhomme (il n'y a pas de surhomme), mais ce serait un homme pratiquement parfait.

Le second est un idéal religieux ou philosophique, ou idéal intime particulier à chaque homme, idéal de foi en une perfection supra-terrestre ou non. Il est fort variable. Il n'est pas le même pour le déiste et pour l'idéaliste ou le matérialiste : l'un recherche la perfection dans Dieu, l'autre dans la Raison, la Matière ou le Mouvement. Mais quel qu'il soit, il parfait la vie ; il est le complément et l'achèvement de l'idéal terrestre.

La morale de la vie impose le premier idéal. Elle recommande la possession du second conformément à la croyance qu'on en a : mais elle ne l'impose pas.

La réunion de ces deux idéals constituent l'idéal suprême de chaque individu ou de chaque association d'individus.

L'école nationale enseigne l'idéal positif (enseignement au premier degré) ;

Les religions et les philosophies enseignent l'idéal intime (enseignement au deuxième degré) :

Et ainsi tout le monde peut travailler au perfectionnement humain ; en plein accord dans l'acquisition de l'idéal positif, en toute liberté dans la poursuite de l'idéal intime.

4'

à un moment donné de son existence. — Ce bien serait complet si, à ce moment donné, toutes les forces de l'homme étaient normalement développées et éduquées ; il le serait à tout moment de l'existence de l'individu si ce développement suivait constamment une progression normale et ascendante.

IV

Variabilité du bien minimum et du bien maximum pratiques

Malheureusement, le bien pratique initial et le bien pratique maximum ne sont jamais complets. Ils sont infiniment variables et évoluent constamment, d'une génération à l'autre, entre le minimum originel ou degré fondamental du bien terrestre et le maximum idéal ou dernier degré de ce même bien terrestre. Parfois même, ils descendent au-dessous du bien fondamental soit dans son minimum initial pratique, soit dans son maximum pratique. (Voir notre échelle des biens pratiques, pages 288 et 289).

Le bien pratique minimum se confond, pour le premier homme et le premier couple, avec le minimum de bien fondamental. Pour les autres hommes, il peut être le même que le bien fondamental ; mais, en réalité, par suite de causes diverses, il est tantôt plus grand ou plus petit, tantôt au-dessous, tantôt au-dessus.

Quant au bien pratique maximum, le moment de sa possession est tantôt placé plus près de la naissance de l'homme, tantôt plus près de sa mort. Il peut pour certains hommes, fort rares, se confondre presque avec l'idéal terrestre.

Variabilité du bien pratique considéré dans l'individu vivant dans une société idéale.

Mais, pour plus de clarté, considérons ce que deviennent ce maximum pratique du bien et ce minimum initial pratique pour les générations successives en nous plaçant : 1° dans l'humanité idéale ; 2° dans l'humanité telle qu'elle a été, est, sera et telle que nous la connaissons.

Admettons d'abord que les hommes se soient trouvés dans les conditions les plus favorables à leur développement. La première génération ayant joui du bien minimum fondamental et acquis un certain bien maximum pratique, la deuxième génération aurait joui d'un minimum et d'un maximum de biens pratiques plus grands. La troisième génération aurait vu s'accroître ce bien dans une proportion donnée et ainsi de suite de génération en génération, les générations successives étant solidaires les unes des autres. — A chaque génération, l'homme perfectionnant ses forces, acquérant des qualités nouvelles, la société perfectionnant ses organismes, le bien acquis par une génération se transmettant en partie ou en totalité à la génération suivante, la valeur de la vie aurait augmenté constamment, car si l'homme a une existence limitée, la vie n'a pas sa limite dans l'existence d'un homme. Cette valeur augmenterait dans le présent, elle augmenterait dans l'avenir et se rapprocherait de plus en plus de l'idéal terrestre jusqu'à l'atteindre peut-être un jour. Le bien minimum pratique ne s'augmenterait peut-être pas dans les mêmes proportions que le bien maximum pratique, mais progresserait sans arrêt entre le bien fondamental et l'idéal terrestre. Chaque génération nouvelle serait ainsi plus près du véritable bonheur que sa devancière. Tous les membres de la société seraient égaux en biens, tous ayant les mêmes forces ou facultés natives également développées.

En supposant même que le bien pratique initial reste immuable pour toutes les générations, le maximum ne varierait pas et serait acquis à tous les hommes de cette société idéale.

Variabilité du bien pratique considéré dans les individus vivant dans notre société imparfaite.

Nous savons qu'il n'en est rien pourtant. Nous savons que les sociétés humaines, même les plus policées, sont loin de cet idéal terrestre, malgré les progrès réalisés par elles dans des conditions plus ou moins défavorables par la science, par l'instruction, par l'éducation, par le travail organisé et l'effort persévérant de nos ancêtres.

Pour l'homme d'aujourd'hui, la vie est probablement un plus grand bien que pour l'homme primitif ou pour l'homme de l'âge de bronze. Mais nous n'affirmerions pas qu'elle est le bien désirable pour l'ensemble des hommes d'une société quelconque.

Dans une même génération, considérée dans une même société, dans un même milieu, à un même moment, la somme des biens que possèdent les hommes est infiniment variable aussi et plus variable encore si on les considère dans des milieux différents. On trouve entre eux des écarts parfois considérables. Sur l'échelle des biens où ils sont placés, pas un peut-être n'approchera des derniers échelons où trône l'idéal terrestre et où réside la santé parfaite de l'âme et du corps. Les uns jouissent en totalité ou en partie de la santé physique ; d'autres, de la santé intellectuelle ou de la santé morale, comme nous l'avons déjà dit ; jamais le même individu ne les réunit toutes trois au même degré. Même dans le bien minimum pratique, ils sont inégalement partagés, à cause de la différence des biens possédés par ceux qui les ont engendrés. « Au départ pour l'existence terrestre, tous les hommes n'ont donc pas les mêmes moyens de progresser : les uns « retardent sur le minimum fondamental du bien », les autres « avancent, les uns pourront fournir une plus longue étape que les autres ». Même à égalité de bien minimum pratique, ils progresseront inégalement, car de multiples influences contrarient ou favorisent leur développement.

Variabilité des biens pratiques considérés dans les générations, dans les peuples et dans le temps. Progrès et régressions.

Lent ou rapide, le progrès est-il, au moins, continu ? continu dans un homme et continu dans les générations, continu dans la société ? Malheureusement, non. Il ne l'est pas plus dans l'individu moral considéré en lui-même que dans le même peuple. « A la suite d'un coup d'Etat intérieur tenté par une force ou de l'abdication de la raison, on voit un homme qui s'approchait de la perfection rebrousser chemin brusquement et revenir plus ou moins en arrière vers les générations les plus reculées et les plus barbares ». A la suite d'un coup d'Etat social, de guerres étrangères ou intestines, d'invasions, à la suite de l'action néfaste de certains rois absolus créant l'esclavage et le servage, à la suite de la tyrannie féodale, on a vu des peuples régresser brusquement de plusieurs générations en arrière, voire de plusieurs siècles, on a vu des civilisations disparaître tout à coup noyées sous les flots des peuples barbares.

V

Causes principales de la variabilité du bien.

A cette variabilité, à cette régression individuelle et sociale, il y a des causes nombreuses. Nous ne les exposerons pas toutes en détail, nous nous contenterons d'énumérer les plus importantes. Il y a trois séries principales de causes : les causes contemporaines de la conception et les causes contemporaines de la gestation qui provoquent la variabilité dans le bien initial pratique, les causes postérieures à la naissance qui provoquent la variabilité du bien maximum pratique.

Causes contemporaines de la conception.

Si les deux êtres chargés de perpétuer la vie sont tous deux en parfaite santé, au moment de la conception, l'embryon sera dans les conditions nécesaires pour développer ses groupes cellulaires et ses centres de force. Si le couple, au contraire, ne jouit pas d'une bonne santé, il y a bien des chances pour que ce développement soit retardé ou faussé de mille manières, faussé dans ses forces physiques et plus tard dans ses forces intellectuelles et morales. Il suffit de rappeler les effets pernicieux de l'alcoolisme, des excès de toute nature et l'influence héréditaire et atavique (1). Les tares des parents rejailliront sur l'enfant qui ne connaîtra pas le minimum de bien auquel il avait droit. Il se trouvera en dehors du développement normal et avant toute expérience. La procréation est le plus noble de tous les actes.

Causes contemporaines de la gestation.

Si le développement futur de l'être est faussé, entravé, dévoyé dès la conception, quelle ne sera pas l'influence de la gestation. L'enfant se ressentira presque fatalement de l'état de santé de la mère. La mère est-elle en pleine vigueur, en parfait équilibre intellectuel et mental durant sa grossesse ? Vit-elle d'une manière normale ? nul doute que l'enfant en profitera parce qu'il sera placé dans le milieu le plus favorable à l'éclosion de ses facultés naissantes, nul doute qu'il ne soit sain et apte à la vie. — La mère, au contraire, est-elle maladive, nerveuse ? est-elle inquiète, a-t-elle des ennuis ? se nourrit-elle insuffisamment ? se livre-t-elle à des excès ? les cellules de l'enfant ne se développeront pas normalement. A sa naissance, il se trouvera en état d'infériorité manifeste. Si à cette influence mauvaise s'ajoute celle d'une conception défectueuse, les tares seront aggravées dans le petit être inno-

____

(1) Même en reniant l'influence héréditaire, même en admettant que tous les hommes portent en naissant et porteront à tous les moments de la durée des siècles, les mêmes dispositions natives, et jouissent du même bien minimum fondamental, qu'ils soient issus de parents sauvages ou de parents civilisés, et sont aptes à parvenir durant la seule existence terrestre, à la perfection : il n'en reste pas moins acquis que le bien subit des variations postérieures à la naissance. Cette constatation est suffisante pour étayer notre raisonnement et le justifier.

cent qui les transmettra à son tour à ses descendants
pour le malheur des générations futures. Ses parents imprudents ou criminels lui ont ôté par avance la possibilité
d'atteindre au bonheur. Ils ont même parfois diminué son
minimum de bien initial.

Causes postérieures à la naissance d'ordre individuel et social.

Il n'est pas douteux que les causes que nous venons
d'énumérer ne favorisent le développement de certaines
forces, n'entravent ou n'arrêtent même complètement le
développement de certaines autres. Mais, après la naissance, d'autres causes interviennent encore plus nombreuses, plus diverses et non moins importantes. C'est l'influence du milieu éducationnel : milieu familial, scolaire
et social ; c'est le climat, le sol, la nature qui modifient
à l'infini le développement des forces vitales et en font
selon les cas, un bien, un mal, ou un plus grand bien ou
un plus grand mal. L'enfant reçoit-il des soins éclairés ?
Est-il mis en état d'exercer normalement ses diverses
facultés, nul doute qu'il ne se développe dans le bien
et n'acquiert la santé parfaite d'autant plus facilement
qu'il sera placé dans des conditions plus favorables. L'enfant anormal, c'est-à-dire celui dont les facultés manquent
d'équilibre, peut être modifié en bien par une éducation
appropriée qui comprime une faculté, donne de l'extension
à une autre pour établir l'équilibre inexistant à la naissance ou détruit postérieurement. L'enfant, même né sain,
souffre-t-il, au contraire, de privations qui le rendent faible, débile ? ne reçoit-il aucune instruction ou l'instruction
qu'on lui donne est-elle insuffisante ? N'a-t-il que de mauvais exemples sous les yeux ? Cet enfant ne saurait parvenir à la perfection : certaines de ses forces prendront
trop d'importance, d'autres pas assez, d'autres dévieront
de leur but, et le mal pratique, en lui, combattra le bien
pratique et l'étouffera peut-être. Et, plus tard, l'enfant
se retrouvera dans l'homme et n'en disparaîtra que très
difficilement.

Causes d'ordre politique et économique

A ces causes d'ordre individuel et social s'en ajoutent
d'autres plus générales (politiques et économiques) qui
augmentent la différence des biens entre les hommes et
font qu'à une même époque les uns touchent à la perfection alors que les autres confinent à la barbarie. A travers
l'histoire on a vu des classes sociales opprimer d'autres

classes et acquérir des biens supérieurs en retirant aux autres leur minimum de bien. On a vu en Grèce une bourgeoisie aisée, raffinée, philosophe, asservir pour son bien-être propre une classe d'esclaves. A Rome, on a vu une caste militaire brillante et pompeuse, une caste d'artistes et de littérateurs vivant dans le faste à côté d'une populace ignorante et dévoyée. On a vu les seigneurs féodaux plonger dans la misère la plus sordide et l'abaissement moral le plus complet des millions de serfs et de paysans. On a vu sous Louis XIV une admirable élite, superbe, orgueilleuse, vivre du travail d'un peuple d'ouvriers souffreteux et de paysans dénués de tout alors qu'elle-même paradait à la Cour de Versailles. Par contre, on a vu au XIX⁰ siècle « un peuple travailleur et une bourgeoisie industrieuse rapprochés par le bien-être, par l'instruction et par l'éducation et toute une floraison magnifique d'artistes, de savants, d'écrivains penchés vers les humbles dans une fraternité émouvante » comme pour donner un démenti catégorique à ceux qui prétendent que pour permettre aux uns de s'élever, il est nécessaire de sacrifier les autres et de les condamner à une condition inférieure (1).

La grande cause de variabilité dans le bien réside dans la méconnaissance de la solidarité naturelle.

Telles sont les principales raisons qui favorisent ou contrarient le développement normal des facultés dans l'homme et le développement normal des hommes dans la société ; voilà pourquoi, dans le monde, la somme des biens possédés par chacun est si variable en qualité et en quantité.

Elle est si variable parce que les hommes ont trop souvent méconnu ou méconnaisent encore la solidarité naturelle et nécessaire qui existe entre les individus et les générations, parce que les sociétés politiques méconnaissent la solidarité des classes. L'homme qui manque à son perfectionnement individuel entrave l'évolution naturelle et progressive du bien dans sa descendance. Les classes qui méconnaissent leur solidarité mutuelle et la solidarité des organismes sociaux sacrifient le meilleur du bien social.

----

(1) Théorie allemande : la race supérieure faite pour la domination.

VI

Devoirs de l'homme et de la société dans la conservation et l'acquisition du bien.

Dans ces conditions, le devoir de l'individu et le devoir de la société est de faire disparaître les causes du mal et de multiplier les causes du bien en soi et hors de soi. En soi, c'est l'affaire de chacun ; hors de soi, c'est l'affaire de l'Etat. Mais les deux actions doivent être parallèles puisqu'elles sont solidaires, individu et société évoluant en raison directe l'un de l'autre.

L'homme doit faire disparaître en lui, autant que possible, les grands écarts qui peuvent exister entre le développement de ses forces ; la société, elle, nous parlons de la société vraiment morale, doit garantir à tous ses membres, la possession du bien minimum initial et du maximum pratique de bien social. Comment ? L'homme doit le faire par une instruction et une éducation personnelle et sociale appropriées, un effort constant. La société doit le faire en se constituant à l'image de l'homme dans l'équilibre et dans l'harmonie. Elle doit procurer à tous ses membres la possession du bien physique par l'hygiène générale, la nourriture, le travail, la gymnastique et l'habitation; la possession du bien intellectuel par l'instruction et celle du bien moral par l'éducation sociale. A ceux qui exercent un métier manuel, elle doit donner le temps de s'instruire et les moyens de s'éduquer ; à ceux qui se livrent aux tâches intellectuelles, le temps de fortifier leurs qualités physiques ; à tous, elle doit mesurer le travail obligatoire et permettre le repos et le travail personnel.

Tout semble présager que le bien individuel et social est appelé à augmenter sans cesse.

L'homme et la société sont loin de cet équilibre et de cette perfection, de cet idéal terrestre ; dans de nombreuses circonstances, ils agissent même contre leur propre intérêt et leur propre bonheur.

Cependant, si le bien individuel fondamental est réellement dans l'essence des facultés ; s'il est encore, pratiquement, dans leur usage, dans leur développement, si le mal pratique est seulement dans leur emploi, c'est-à-dire dans le choix de l'action à accomplir, si la morale individuelle et la morale sociale ne sont que les deux aspects

de la morale universelle, on peut affirmer que le bien
est appelé à augmenter sans cesse et le mal à diminuer
progressivement dans les mêmes proportions. Et le rêve
de ceux qui voient la société future harmonieusement organisée, s'il est éloigné, n'est pas si vain qu'on pourrait
le croire.

La cause du mal, en effet, est souvent dans la connaissance insuffisante que l'on a du bien en général et des
biens en particulier autant que dans le manque d'habitude
dans la recherche du bien que dans le manque de persévérance pour l'acquérir. Tout ce qui éclairera le choix
dans l'application des forces humaines augmentera le bien
et diminuera le mal dans le monde. Apprendre à connaître
le bien et à le choisir, acquérir la volonté de le réaliser,
tel est le secret de l'harmonie individuelle, d'abord, et de
l'harmonie sociale ensuite. La science, source de progrès
constants, nous en donne une connaissance de plus en plus
étendue ; la raison (qui n'interdit pas certains biens
comme on le prétend·à tort, mais qui les mesure, nous le
répétons), la raison rend notre choix de plus en plus judi-
cieux. Il n'est pas jusqu'aux religions et aux philosophies
qui ne viennent aider l'homme dans cette recherche du
bien pratique.

Pour notre part, nous avons déjà aidé à cete connaissance du bien pratique en déterminant le bien non-neutre
réel, le bien non-neutre conventionnel, le bien neutre et
en choisissant une base morale non-neutre qui explique
l'origine et la nature du bien individuel et social ; nous
y avons aidé en montrant que le bien est non seulement
dans la qualité, mais aussi dans la quantité des biens
partiels dont le bloc indivisible constitue le bien complet ;
en établissant deux biens fixes individuels et sociaux, le
minimum fondamental et le maximum ou idéal terrestre,
et des biens particuliers variables, également individuels
et sociaux, allant du minimum pratique initial au maximum pratique. Nous y avons aidé enfin en montrant que
le bien est à la fois individuel et social, que l'individu ne
se sépare pas de la société, qu'il n'achève pas son évolution en lui-même, mais dans le groupe familial, social,
politique, humain auquel il est agrégé.

**Le progrès dans le bien est possible grâce à l'effort et au
travail qui sont par eux-mêmes des biens supérieurs.**

Si le progrès passé prouve le progrès à venir, on peut
prédire à coup sûr que le jour où la science dirigée vers
le bien aura découvert la meilleure condition du devoir

terrestre, que le jour où la raison sera toute puissante chez l'homme, le dualisme humain sera réduit à un minimum nécessaire au bonheur.

Le progrès moral n'est pas un vain mot, c'est une réalité. Mais c'est une réalité qui ne se manifeste que par le travail et l'effort conscient et réfléchi ces deux grandes lois naturelles du devenir humain et du bonheur normal des hommes. Le bien étant connu, il est nécessaire, en effet, de le réaliser à moins de nier toute valeur aux actions : la réalisation du bien étant l'objet et le but du devoir, le travail et l'effort seuls permettent de réaliser le bien individuel et le bien social ; ils sont par eux-mêmes le plus grand des biens ainsi que nous allons sommairement l'établir.

Pas de vie sans activité.

La vie est l'activité propre aux êtres vivants. Toutes les forces humaines sont douées d'activité. C'est grâce à cette activité de chacune des forces de l'être que l'homme peut prétendre au perfectionnement individuel et la société au perfectionnement collectif. Cette activité, en effet, se manifeste sous deux formes, sous forme d'activité intérieure ou subjective qui vise au bonheur de l'individu et sous forme d'activité objective ou extérieure qui vise à la fois au bonheur individuel et social.

Pas d'activité sans effort.

Or, toute activité représente un effort, un travail physique, intellectuel ou moral. C'est, avant toute expérience, un effort inconscient des forces pour se conserver et se développer, effort qui s'ignore et réalise le bien en aveugle. C'est, ensuite, un effort conscient tenté pour réaliser un plus grand bien, pour diriger, modifier, diminuer ou accroître l'activité des forces vitales. C'est dans la réflexion qu'il atteint toute sa valeur morale.

L'effort inhérent au jeu des organes, à leur accroissement cellulaire est un bien naturel puisqu'il est la première sauvegarde des forces et de la conservation personnelle. L'effort réfléchi, et non moins naturel, est un plus grand bien puisqu'il s'applique au perfectionnement logique et rationnel de l'être.

Sans effort, il n'est pas de développement rationnel, pas de progrès possible, c'est la force improductive d'action bienfaisante, c'est la vie parasitaire atrophiée ou déviée de son but. La paresse ou non usage des forces est un mal. — L'homme ne faisant aucun effort pour guider et poursuivre le développement de ses facultés, de ses tendances, de ses inclinations diverses, celles-ci ne tardent pas, les unes à mourir dans l'immobilité, les autres, plus impérieuses, à prendre bientôt un accroissement démesuré, à devenir tyranniques : leur besoin d'activité se transforme en passions violentes, mauvaises conseillères et nuisibles à celui qui les possède et à ceux qui l'entourent. C'est cette constatation de l'expérience qui a fait dire avec raison que « l'oisiveté est la mère de tous les vices. »

L'effort et le travail doivent être mesurés.

Par contre, tout effort exagéré, tout effort qui dépasse la puissance des forces est un mal. Tout effort doit être proportionné aux forces de chacun.

Le bien supérieur est donc dans l'effort qui se résout en travail, dans l'effort personnel normal et raisonné, dans l'effort social soigneusement organisé (ce qui ne veut pas dire dans le moindre effort ou dans le plus grand effort), car, sous prétexte que le travail est bon, il ne faut obliger personne à un travail sans mesure et sans arrêt.

Tout effort qui est d'accod avec nos tendances naturelles ne nous coûte guère ou nous coûte moins ; c'est un plaisir. Tout effort qui a pour but de diriger nos tendances, de les ramener dans la bonne voie, coûte davantage ; il est d'abord douloureux. C'est cette douleur et cette joie qui nous permettent justement de nous éclairer sur la valeur individuelle et sociale des efforts que nous accomplissons.

Le travail ordonné est le grand bienfaiteur de l'homme.

Ainsi, le travail, quoi qu'en disent certains philosophes à l'esprit plus paradoxal que bien équilibré, conduit non seulement au bonheur, il est un bonheur par lui-même. Il est la grande loi du progrès, le grand bienfaiteur de l'homme, le facteur suprême du bonheur ici-bas.

Il nous reste maintenant à éclairer plus complètement l'action de l'homme pour aider son effort et rendre son travail moral en établissant la loi morale, le critérium pratique du devoir et en déterminant les devoirs particuliers individuels et sociaux.

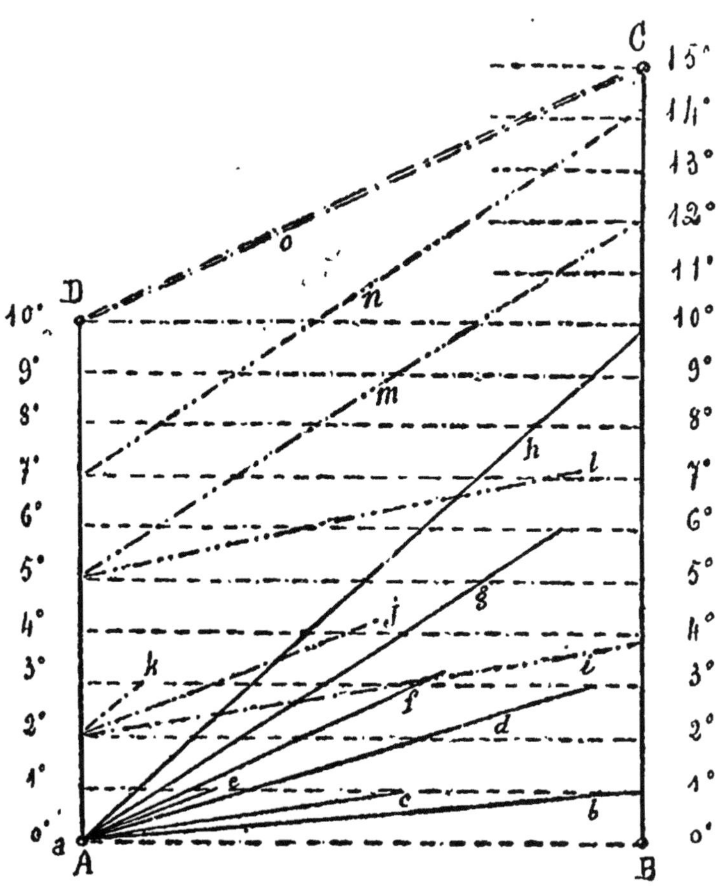

GRAPHIQUE 1

Progression normale du bien dans une humanité idéale

A D et B C échelles des liens divisées en degrés. — A B durée maximum de l'existence. — A naissance. — B mort. — A D échelle du bien minimum pratique initial et variable. — *a* bien minimum positif, fixe, fondamental ou originel. — A bien minimum pratique ou initial. — D plus haut degré du bien minimum pratique. — B C échelle du bien maximum pratique. — C idéal terrestre ou point le plus élevé où l'on puisse atteindre. — *b, c, d, e, f, g, h, i, j, k, l, m, n, o* exemples de progression du bien pratique dans la vie de quelques individus.

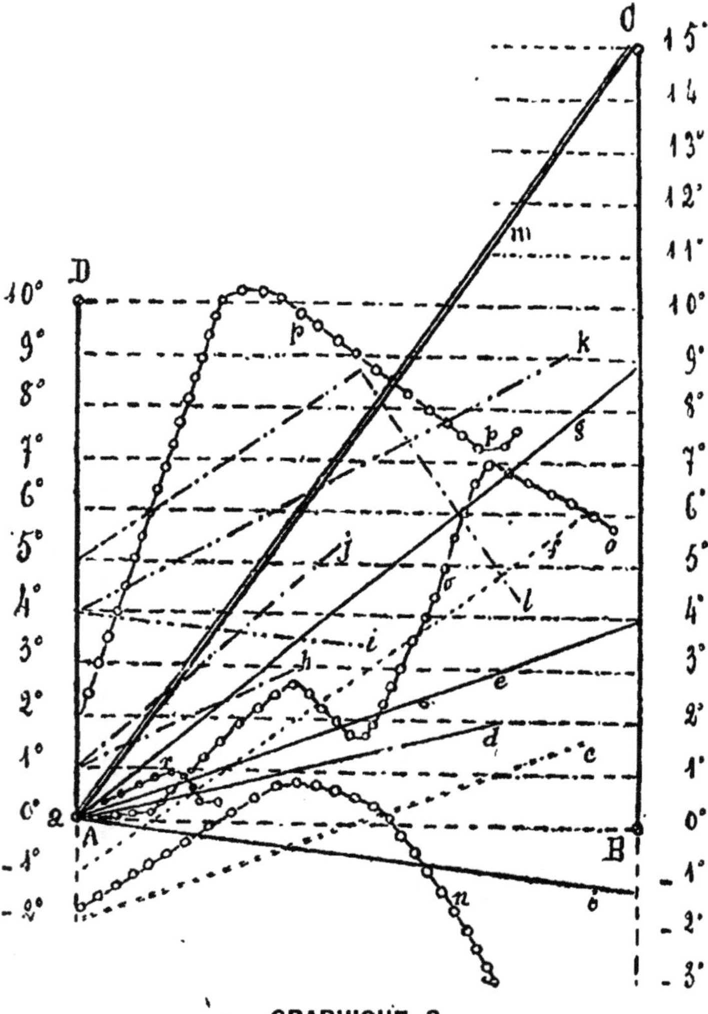

GRAPHIQUE 2

**Progression pratique, tantôt régulière, tantôt irrégulière, du bien
telle qu'on la remarque dans la société actuelle**

A B et B C, A, B, A D, *a*, A, D, comme au graphique 1. —
b, c, d, e, f, g, h, i, j, k, l, m, n, o, p, r, exemples de progression et de régression dans la vie de quelques individus. — Individu *n* à son minimum pratique à 2° au-dessous du minimum fondamental, son maximum à 1° au-dessus, il régresse à -3° à sa mort. —
Individu *o* progression et régression successives. — Individu *m* progression idéale, perfection complète, etc.

CHAPITRE VI

Les devoirs généraux et les devoirs particuliers
La loi morale et le critérium moral pratique

I

Distinction entre le bien général et les biens particuliers, entre les devoirs généraux et les devoirs particuliers.

Avant d'aborder le fond du présent chapitre, une distinction préliminaire s'impose : la distinction du général et du particulier. Le bien général, c'est le bien fondamental ou vie en puissance et ses forces latentes ; c'est aussi l'idéal terrestre ou bien positif idéal. Les biens particuliers sont les qualités des forces, leurs attributs, les parcelles de l'idéal ; ils résident dans la vie en action et vont du bien pratique minimum ou initial au bien maximum pratique individuel et social.

Du bien général, nous tirerons les devoirs généraux qui font l'objet de la morale théorique. Des biens partiels, nous tirerons les devoirs particuliers qui font l'objet de la morale pratique et nous fixerons les règles de la conduite de l'homme, car la réalisation du bien consiste dans une série d'actions qui ont pour but la conservation du bien minimum et l'acquisition du bien maximum, l'un étant la possibilité du bonheur, l'autre le bonheur (ou la vertu) réalisé. L'éducation, en effet, ne donne pas le bien puisqu'il est en nous indépendamment de toute culture et de toute expérience, puisqu'il est constitutif de notre nature. Elle ne donne que les qualités des forces, c'est-à-dire les biens particuliers.

II

Le droit de vivre est le premier des droits ; le respect de la vie, le premier des devoirs.

Le premier des biens individuels et sociaux, avons-nous dit, c'est le bien minimum fondamental ; c'est la vie en puissance.

Puisque la vie est le premier des biens, elle est forcément le premier des droits d'où découleront tous les autres droits.

Si elle est le premier des droits, le premier des devoirs est nécessairement le respect de la vie en soi et dans les autres, devoir primitif d'où dériveront tous les autres devoirs. Ainsi le droit et le devoir individuels ne se séparent pas du droit et du devoir sociaux. Ils ne se fondent pas l'un sur l'autre ; intimément liés ensemble, solidaires, ils se fondent tous deux (ou tous quatre) simultanément dans la vie.

Le droit de vivre est le droit fondamental.

« Le droit de vivre existe indépendamment des conditions contingentes de la vie sociale ». Il existe quelle que soit l'idée que l'on se fait du monde. Si Dieu a donné la vie, celui à qui il l'a donnée a le droit de vivre jusqu'à ce que son souverain juge la lui retire ; mais jusque-là, il appartient à la vie terrestre, donc il relève de la morale. Si la vie appartient à la matière, au Cosmos, l'être qui est engendré par ces forces a le droit de vivre jusqu'à ce que le mouvement ou la matière détruisent naturellement leur œuvre. Le droit de vivre est donc bien un droit fondamental.

Le respect de la vie est le devoir fondamental ou général. Il se présente sous trois formes : justice, solidarité, dévouement.

Le respect de la vie (ou de ce droit), est donc bien par suite un devoir fondamental, le devoir général à la fois naturel, universel, immuable et non-neutre comme le sera la loi qui en découle.

Le respect de la vie est évidemment le respect de la vie complète, vie physique, intellectuelle et morale, dans sa nature, dans son expansion naturelle au cours de l'existence de l'homme d'un côté ; de la société, de l'autre.

Ce premier devoir de respect ou négatif qui a pour but la conservation des êtres en appelle, nécessairement aussi, un second qui est un devoir positif. C'est le devoir de développement des forces, le devoir de poursuivre en soi et hors de soi le développement total et harmonieux des facultés individuelles et des organismes sociaux ou plutôt le devoir de travailler à ce développement des autres et de soi dans la relativité permanente de nos connaissances et des conditions du devoir.

Ce deuxième devoir conduit à un troisième, l'acquisition

d'un bien supérieur par l'abandon d'un bien inférieur pour permettre la conservation ou l'acquisition d'un bien plus général : perte d'un membre ou d'un organe pour sauver le corps, perte d'un homme pour sauver la collec-tivité (guerre), abandon d'un bien individuel pour con-server un bien social.

En définitive, *le devoir général ou respect de la vie se présente sous trois formes, trois modalités du même devoir fondamental.*

1° Le devoir est d'abord le respect strict du droit de vivre (ou conservation du bien fondamental) en soi et dans les autres ; c'est le devoir de justice ou négatif ou du premier degré ;

2° Le devoir, c'est ensuite le respect du droit de vivre poussé jusqu'à l'accomplissement, jusqu'à la réalisation du bien pour soi et pour les autres ; c'est le devoir positif de solidarité et d'entr'aide, le devoir qui veut que l'on travaille et souffre pour soi et pour les autres ou devoir du deuxième degré ;

3° Le devoir enfin, c'est le respect du droit de vivre poussé jusqu'au renoncement à ses biens particuliers, à sa vie même pour le profit et le bonheur d'autrui ; c'est le sacrifice, c'est le dévouement absolu à l'homme, à la société, à la Matière ou à la Divinité, c'est le devoir dépassant la limite du droit individuel, c'est la suprématie du droit des autres, du droit social sur le droit personnel qui constitue la cime de la culture morale, c'est le martyre volontaire de l'homme se surpassant lui-même pour le triomphe d'une juste cause et pour arriver à une juste fin ; c'est le point culminant de l'idéal terrestre, c'est le devoir du troisième degré.

Corrélation de ces trois formes du devoir avec les trois degrés de la méthode alternative.

Ces trois modalités du devoir représentent les trois de-grés ascendants de la vie morale. Ces trois degrés du devoir sont en parfait accord avec la méthode alternative et la conception non-neutre du bien dans son minimum et dans son maximum positifs. Le premier degré de ces devoirs ayant pour objet la conservation des biens prou-vés, certains, reconnus par tous, c'est-à-dire du bien fon-damental et du bien minimum pratique peut être imposé définitivement. Le deuxième degré du devoir ayant pour objet l'acquisition de biens particuliers dont la possession est plus ou moins utile et la condition plus ou moins bien déterminée, du bien qui est un acheminement vers la perfection individuelle et sociale ne peut l'être qu'avec une autorité ; la plupart du temps provisoire. Le troisième degré du devoir ayant parfois pour objet la possession des biens suprêmes, sublimes qui dépassent l'idéal terrestre doit, sauf dans des cas très particuliers (défense de la patrie), relever de la libre détermination de chacun.

Tous les devoirs particuliers ou pratiques dérivent du devoir général ou fondamental.

Tel est le devoir général considéré dans ses trois degrés. Comment pourrons-nous en faire dériver les devoirs pratiques ? Comment pourrons-nous appliquer le théorique et le général à tous les cas particuliers ? Rien n'est plus simple comme nous l'allons voir.

Le devoir général, le seul devoir réel (car, au fond, nous l'avons dit, il n'y a qu'un devoir), c'est le respect de la vie complète. Donc :

1° Le respect de la vie physique, intellectuelle et morale en soi est le fondement des devoirs individuels (conservation, développement, perfection).

2° Le respect de la vie physique, intellectuelle et morale dans les autres est le fondement des devoirs sociaux (devoirs généraux d'homme à homme, familiaux, scolaires, professionnels, nationaux, internationaux, humains) ;

3° Le respect de la vie dans la nature est le fondement des devoirs envers les animaux, les plantes, les corps bruts, les beautés naturelles et l'ordre universel ;

4° Le respect de la vie au-delà du connu est le fondement des devoirs envers les croyances, envers l'Inconnaissable qu'on l'appelle Dieu, Cosmos, Matière ou autre chose encore.

Les trois premières classes des devoirs généraux ci-dessus renferment avec évidence, chacune, les trois degrés du devoir (devoirs définitifs, provisoires, facultatifs). La quatrième renferme la deuxième catégorie des devoirs du troisième degré. On ne peut montrer plus clairement que tous les devoirs particuliers dérivent directement du devoir général qui est le respect de la vie.

De ce qui précède, et qui est la préface obligée de la morale pratique, nous tirerons, plus tard, la classification simple et commode de tous les devoirs des hommes, des sociétés et des nations.

III

Justification et fixité des devoirs généraux.

Les devoirs généraux que nous avons établis sont justifiés en droit et en fait aux yeux de la science et de la philosophie puisqu'ils sont greffés directement sur la base vie.

Reposant sur le bien fondamental et l'idéal terrestre, ils ont un caractère de fixité éternelle (1), d'absolu positif. Le « *bien-vie* « restera toujours le bien, même au-delà du monde sensible s'il y a un au-delà. Le respect de la vie sera toujours le respect de la vie en soi et dans les autres.

La loi morale, « fais le bien », dont ils sont l'expression a été vraie dans le passé le plus reculé. Elle est vraie dans le présent, qu'on la pratique, qu'on lui obéisse ou non. Elle restera vraie dans l'avenir le plus lointain.

Justification et variabilité des devoirs particuliers.

Les devoirs pratiques sont également justifiés puisqu'ils ne sont qu'une application des devoirs généraux aux cas particuliers. Les devoirs particuliers permettent d'atteindre à l'idéal terrestre auquel on n'arrive jamais d'un seul coup, mais seulement peu à peu, en accomplissant toute une série graduée de devoirs pratiques infiniment nombreux. Mais, tandis que les devoirs généraux apparaissent toujours avec netteté à l'esprit, les devoirs particuliers sont souvent obscurcis par des contingences diverses de même que leur accomplissement est entravé par des obstacles imprévus. — De là vient leur variabilité. — Pour nous en convaincre, nous n'avons qu'à nous reporter à ce que nous avons dit du bien, car le devoir et le bien sont entre eux dans un rapport constant. Il y a autant de devoirs pratiques qu'il y a de biens particuliers et pour atteindre au bien maximum, il faut accomplir un maximum de devoirs ou l'ensemble des devoirs pratiques.

Les causes qui empêchent la possession du bien sont les mêmes qui empêchent l'accomplissement du devoir. Nous avons montré dans le chapitre précédent les principales de ces causes de variation du bien. Comme le bien, le devoir subit s variations d'un individu à l'autre, d'une société à l'autre société. Il en subit en qualité et en quan-

---

(1) éternelle étant pris dans le sens de durée de l'humanité.

tité, et le degré d'importance du bien marque le degré
d'importance du devoir. La qualité et la quantité du bien
moral possédé indique la qualité et la quantité du devoir
accompli. L'un et l'autre varient dans la même proportion
et présentent d'une époque à l'autre des progressions
croissantes et des progressions décroissantes ; ils varient
selon l'évolution de la science et de la connaissance et
surtout selon les progrès de la raison. Ils varieront constamment dans la durée infinie.

Ce n'est pas le devoir en soi qui évolue, mais les conditions pratiques de ces devoirs.

A vrai dire, ce n'est pas le devoir particulier, en soi,
qui évolue avec les besoins matériels et moraux de l'homme, ce sont les conditions pratiques de ce devoir, la
manière de l'accomplir. « Les êtres, en effet, vivent dans
certaines conditions physiologiques, ambiantes, etc. Il
s'ensuit des règles de conservation, de développement, des
conditions de vie physique, intellectuelle et morale qui
forment autant de règles morales sans lesquelles l'individu ne pourrait arriver à son plein développement dans
la société. » Ces règles guident l'action pratique qui découle naturellement de la vie dont la plupart des manifestations sont vérifiables par la science et l'expérience.
Mais la science et l'expérience se trompent souvent sur la
nature du bien et les moyens de le réaliser. Car, si le
pourquoi du devoir (par respect de la vie) est facile à
comprendre, le comment (par quels moyens peut-on conserver et développer la vie) n'est pas aussi facile à découvrir.

Relativité des devoirs pratiques.

C'est pourquoi un grand nombre de devoirs particuliers
n'ont et ne peuvent avoir qu'un caractère de relativité et
d'actualité. Ce qui est admis comme un devoir ou plutôt
comme une condition du devoir aujourd'hui pourra bien
n'être plus admis demain. Les devoirs du deuxième degré
n'auront donc, la plupart du temps, qu'un caractère impératif provisoire. L'obligation de les accomplir n'exis-
tera que jusqu'au moment où on aura découvert une nouvelle condition plus conforme à la loi morale et au maximum terrestre.

Ceux qui croient réaliser la vie uniquement dans le
plaisir, dans l'intérêt ou dans la sympathie auront tout
le loisir de nous montrer l'excellence de leur devoir. Car
nous admettons, en fait, qu'à une condition du devoir

imparfaite on peut, on doit substituer une condition meilleure de ce devoir. Nous réservons ainsi le progrès indéfini en mettant constamment les devoirs pratiques en harmonie avec la vie et son évolution naturelle.

IV

Nécessité de trouver un critérium du devoir, de formuler une loi morale et des règles pratiques.

Il est donc bien établi que l'homme a des devoirs à remplir ou tout au moins un devoir absolu, le devoir de justice envisagé comme étant le respect de la vie ou du droit de vivre. Mais il ne suffit pas d'avoir établi que le bien, c'est la vie, que le droit, c'est le droit de vivre et le devoir le respect de ce droit, qu'il y a des devoirs généraux fixes et des devoirs particuliers variables, il faut fournir à l'homme un critérium rapide et sûr du devoir. La connaissance de ce critérium est nécessaire pour établir les règles de la conduite, car, seul, il permettra d'en reconnaître la valeur exacte et d'en faciliter l'application. La morale étant l'action ordonnée et harmonieuse et le devoir étant parfois pressant, il faut pouvoir agir vite et bien. Ce critérium pour rester d'accord avec les principes et la méthode des trois degrés ne tirera pas son autorité d'une source surnaturelle, mais simplement de la base humble et belle qu'est la vie. Il devra être la meilleure formule du développement total et harmonieux de l'homme et permettre d'atteindre facilement au maximum de bien pratique. Pour avoir toute son efficacité, il comprendra forcément deux choses distinctes et inséparables à la fois : une loi générale tirée des devoirs généraux ou du bien fondamental et des règles pratiques tirées des devoirs particuliers ou du bien pratique et applicables à tous les devoirs en dépit de leur variabilité et de leur évolution.

La loi morale.

Pour toutes les morales, la loi est la loi du devoir : fais le bien ; fais ce que dois, advienne que pourra. Elles ne se différencient les unes des autres que par la raison qu'elles donnent du devoir et du souverain bien : fais le bien parce que Dieu le veut ; fais le bien pour obéir à Dieu ; fais le bien parce que la raison pratique et la conscience l'imposent à notre esprit ; fais le bien parce que la science, l'expérience nous en montrent la nécessité ;

fais le bien parce que c'est le bien, parce que le bien est fin en lui-même.

La morale vitale ou indépendante n'a pas d'autre loi que les morales déjà connues : fais le bien. Mais elle a un autre pourquoi, un pourquoi qui n'est pas exclusif, un pourquoi qui ne rejette pas les autres pourquoi, qui les admet, au contraire, comme un complément indispensable, qui les réclame, qui les exige même. C'est un pourquoi positif provisoire, condition nécessaire des pourquoi absolus, un pourquoi prouvé préface obligée des pourquoi hypothétiques. Chacun pourra compléter ce pourquoi à sa manière sans blesser les personnes de bonne foi, celles qui admettent la liberté de conscience, sanctuaire intangible de la dignité humaine. La loi morale suivie de ce pourquoi, c'est la loi du bien positif fondamental et de *l'idéal terrestre*, c'est la loi non-neutre et générale par excellence ; elle peut être formulée ainsi :

Fais le bien par respect de la vie individuelle et sociale, par respect de sa conservation, de son développement et de son perfectionnement continu, parce que l'unique bien de l'homme ici-bas, c'est la vie.

Elle peut se formuler plus simplement encore :

L'unique bien de l'homme étant la vie individuelle et sociale complète, fais le bien par respect de la vie.

Cette loi réalise l'unanimité d'opinion car chacun pourra y ajouter un pourquoi complémentaire, absolu ou non, un pourquoi intime : « *...parce que la conscience et la raison exigent la possession du bien vital* ». ajouteront les rationalistes ; « *...parce que tu dois respecter la matière dans tous ses attributs* », ajouteront les matérialistes ; « *...parce que Dieu veut que tu fasses le bien en ce monde en respectant la vie qu'il t'a donnée et en respectant celle des autres, parce qu'il veut que tu réalises ta fin terrestre avant de réaliser ta fin céleste* », ajouteront les déistes et les idéalistes ; « *...parce que...* », diront les autres.

La conscience morale et la raison pratique étant, comme nous l'avons dit, du domaine du non-neutre conventionnel, on pourra même, sans inconvénient, les incorporer à la loi morale positive qui alors se formulera de la façon suivante :

L'unique bien de l'homme étant la vie individuelle et sociale complète, fais le bien par respect de la vie, en plein accord avec ta conscience et ta raison.

Cette loi, comme on le voit, respecte la neutralité puisque chacun peut accepter la raison qu'elle donne du devoir et la compléter à sa guise sans en contredire la vérité positive. Mais cette loi n'est pas seulement non-neutre, elle a tous les caractères des autres lois morales. Elle est naturelle puisqu'elle est tirée du droit de vivre, du bien fondamental et recommande la recherche du bien maximum. Elle est universelle puisqu'elle s'applique à tous les hommes sans exception et, par extension, à tous les êtres de la nature et à l'*Inconnaissable*. Elle est fixe et immuable entre les deux absolus, passé et futur, puisque la vie est un principe immuable, « immuable étant pris, ici, dans le sens non pas d'immobilité, mais de permanence et de continuité ». Elle est obligatoire puisque le droit de vivre est le droit fondamental et le devoir de vivre, le devoir fondamental. La loi qui commande ce devoir doit être obéie sous peine de nier le devoir et la morale, car « l'obligation, en définitive, est le fondement original de la morale. Mais cette obéissance n'est pas une contrainte à laquelle nous ne pouvons échapper. Elle n'aurait aucune valeur morale. C'est une obéissance à laquelle nous pouvons nous soustraire en partie ou totalement si nous le voulons ». C'est une obéissance librement consentie et qui peut être refusée, ce qui entraîne des sanctions pratiques.

Critérium général pratique du devoir.

De la nature du bien moral, de l'idéal positif, terrestre et de la loi du devoir, nous tirons le critérium général pratique suivant, qui nous guidera dans toutes les circonstances de la vie :

1° Quels que soient la fonction et le groupe social auquel tu es agrégé, dans tout ce que tu penses, écris, fais, respecte en toi et dans les autres la vie dans toutes ses manifestations bienfaisantes ou indifférentes (Justice) ; 2° Quoi qu'il arrive, travaille toujours en vue de ton plus grand développement vital et de ton perfectionnement, du plus grand développement et du plus grand perfectionnement d'autrui ; travaille toujours à la triple perfection individuelle, sociale, humaine (Solidarité) ; 3° en toute occasion, incline ton cœur vers la bonté et l'amour, vers l'indulgence et le pardon (Fraternité) ; 4° Sache parfois souffrir pour le triomphe d'une juste cause (Dévouement, Sacrifice, Martyre) ; 5° Dans quelques circonstances où tu te trouves, respecte la vie jusque dans l'intuition et la croyance, jusque dans l'inconnu (respect de la conscience et de la pensée d'autrui, respect de Dieu et de la Matière) ; 6° Partout où tu le rencontres, livre au mal vital un combat incessant, mais n'oublie jamais que toutes les actions sont limitées par la justice et la vérité.

Ce critérium pourrait se résumer ainsi : *En tout et partout accomplis toutes les actions qui sont conformes au respect de la vie individuelle et sociale sous toutes ses formes et évite soigneusement celles qui s'opposent à la fin de l'homme ici-bas.*

La classification et le critérium pratique des conflits.

Mais ce critérium général est insuffisant pour guider notre conduite. Il est indispensable d'y adjoindre un critérium des conflits. Dans la vie pratique, en effet, l'obligation d'accomplir un devoir n'apparaît pas toujours avec clarté. Il arrive fréquemment que des devoirs s'opposent, se heurtent, qu'il y a conflit entre eux. Dans ce cas, l'on se trouve embarrassé pour agir, car de quelque côté que l'on se tourne, on est obligé de sacrifier un ou plusieurs devoirs pour en accomplir un ou plusieurs autres.

Il n'y a qu'un moyen de trancher ces divers conflits :

1° C'est de les classer d'après les règles de la méthode des trois degrés ; on peut logiquement distinguer les conflits suivants :

Conflit entre deux ou plusieurs devoirs de justice (premier degré) ;

Conflit entre deux ou plusieurs devoirs de solidarité (deuxième degré) ;

Conflit entre deux ou plusieurs devoirs de fraternité (troisième degré) ;

Conflit entre deux ou plusieurs devoirs de justice d'un côté, de solidarité, de l'autre ;

Conflit entre deux ou plusieurs devoirs de justice d'un côté, de fraternité, de l'autre ;

Conflit entre deux ou plusieurs devoirs de solidarité d'un côté, de fraternité, de l'autre.

Ces conflits se rencontrent dans les devoirs individuels aussi bien que dans les devoirs sociaux ou les devoirs envers la Nature et Dieu.

2° C'est ensuite de se rappeler que des trois autorités morale, légale, personnelle qui nous demandent l'obéissance, l'autorité morale est l'autorité suprême, que l'autorité légale prime l'autorité personnelle. Les devoirs dans lesquels intervient la seule autorité morale sont ceux qui ont toute leur valeur et qui nous laissent la pleine responsabilité du choix que nous faisons. Nous devons obéir à l'autor té légale ; mais nous avons le droit de contester l'autorite personnelle.

Jusqu'à quel point un enfant doit-il l'obéissance à ses parents ? Jusqu'à la violation du droit et du bien exclusivemen. ; si les parents commandent une mauvaise action, c'est un devoir de leur refuser l'obéissance, sans manquer pourtan. au respect qu'on leur doit.

Le refus d'obéissance à un supérieur est également un devoir lorsque celui-ci viole sciemment, de sa propre autorité, la loi morale expression du respect dû à la personne humaine.

3' C'est enfin de mesurer la valeur de chacun des devoirs en présence et en opposition à l'importance du bien qu'ils doivent permettre de réaliser (importance que nous avons déjà déterminée d'une manière générale en qualité et en quantité). Le plus grand bien doit forcément l'emporter sur le plus petit, à une condition toutefois, c'est qu'il ne viole aucun des biens inférieurs. L'amour de Dieu ne doit pas empêcher l'amour des hommes ; l'amour que l'on éprouve pour une personne ne doit pas faire oublier la solidarité et la justice envers les autres personnes.

Le critérium suivant paraît satisfaire à tous les cas qui peuvent se présenter :

Dans les conflits du devoir, agis toujours en faveur du plus grand bien vital individuel et social ; agis toujours en t'inspirant de l'ordre de préséance indiqué par les trois degrés du devoir et du bien de la méthode alternative; lorsqu'il y a conflit entre deux devoirs de justice, accomplis le devoir de plus grande justice ; lorsqu'il y a conflit entre deux devoirs de solidarité, accomplis le devoir de plus grande solidarité ; lorsqu'il y a conflit entre deux devoirs de fraternité, accomplis celui de plus grand amour ; accomplis les devoirs de justice avant d'accomplir les devoirs de solidarité ; accomplis les devoirs de solidarité avant d'accomplir les devoirs de bonté et d'amour et ces derniers avant d'accomplir les devoirs envers l'Inconnaissable ; mais accomplis toujours le plus élevé de ces devoirs lorsqu'il n'entraîne la violation d'aucun des devoirs inférieurs.

Quelques règles morales pratiques complémentaires

A ces deux critérium, critérium général et critérium des conflits, il n'est pas inutile d'ajouter quelques règles pratiques destinées à éclairer mieux l'action.

a) *Avant d'accomplir une action, demande-toi toujours*

si elle est utile à ta vie et à la vie des autres : dans la négative, abstiens-toi carrément ; dans l'affirmative, agis sans hésitation.

b) Sois intransigeant dans l'accomplissement des devoirs du premier degré (autorité définitive) ; exige avec prudence l'accomplissement des devoirs du deuxième degré (autorité provisoire) ; accomplis toi-même et recommande aux autres l'accomplissement de la première catégorie des devoirs du troisième degré ou devoir de bonté, de pitié et d'amour ou de fraternité ; pratique toi-même, si telle est ta croyance, les devoirs du troisième degré envers Dieu et l'Inconnaissable ; mais conserve sur ce point la neutralité vis-à-vis d'autrui, ou du moins sois très réservé à cet égard, à l'égard de la liberté de chacun (liberté).

c) Pour t'aider dans le choix du bien et dans l'accomplissement du devoir ne refuse aucune lumière, aucun concours, si modeste et si humble soit-il ? fais appel à ta conscience, à ta raison, à ton expérience et à celle des autres, à la science ; ne fais fi d'aucune des parcelles de vérité que tu trouveras dans les diverses philosophies, les diverses religions et les diverses morales ; souviens-toi toujours que la modestie travailleuse est aussi utile à la société que lui est néfaste l'orgueil paresseux et ignorant.

<h3 style="text-align:center">V</h3>

Caractère de la loi de la morale indépendante ou morale vitale. Elle est à la fois fixe et évolutive.

En résumé, et ainsi qu'il résulte de ce chapitre, les devoirs nécessaires, absolus, ce sont les devoirs généraux qui constituent l'idéal terrestre ; les devoirs contingents, ce sont les devoirs pratiques éléments du devoir total. L'absolu terrestre ou plutôt la fixité se trouve dans la loi morale. Le contingent, le relatif, le variable se trouve dans la réalisation de la loi morale, dans le domaine des faits. Mais comme ces faits résultent de la vie, convergent vers la vie et ont pour but la vie, ils ne cessent jamais, malgré leur évolution et leur variabilité d'être d'accord avec leurs principes générateurs fixes. La vie évoluant sans cesse vers un plus grand bien, la morale basée sur son concept est forcément évolutive, toujours d'accord avec le progrès et se modifie avec lui. Cette fixité des devoirs généraux et cette évolution des devoirs pratiques sont les deux conditions sans lesquelles il n'y a pas de vraie morale individuelle et sociale.

La morale vitale impose les prescriptions absolues de la loi morale et des devoirs généraux et les prescriptions pratiques certaines. Elle abandonne en temps voulu les prescriptions provisoires. Elle respecte les hypothèses, mais ne les impose pas, à moins que la science ait prouvé que ces hypothèses étaient des réalités. Elle ne dit pas d'une chose admise comme vraie sans preuves positives : « c'est », mais : « on croit que cela est » ; elle s'exprime toujours ainsi : « Voilà le certain ou le non-neutre réel ; voilà le provisoire ou le non-neutre conventionnel ; voilà l'inconnu ou le neutre. Dans le premier cas, c'est l'autorité impersonnelle définitive qui te commande, obéis sans murmurer ; dans le second cas, c'est l'autorité impersonnelle provisoire qui s'adresse à toi, obéis encore, mais n'abandonne pas ton droit de critique ; dans le troisième cas, tu ne relèves que de l'impératif de ta conscience, c'est pour toi la liberté entière, fais ce que tu veux. »

Ainsi, il n'y a aucune contradiction entre la fixité de la loi idéale et la variabilité des règles particulières d'application. La morale vitale est donc bien une morale dogmatique obligatoire, quoique positive, jusqu'à l'idéal terrestre inclusivement, une morale évolutive transitoire placée entre deux inconnus : le passé et l'avenir. Respectueuse de ces deux inconnus ou de ces deux absolus, elle va de l'un à l'autre, sûre d'elle-même parce qu'elle est vraie, sûre d'être l'étape positive et nécessaire de tous les devenirs.

CHAPITRE VII

Essai de solution du problème de la liberté pratique

I

La loi morale ne peut être obéie que dans la liberté.

Nous avons dit que l'obéissance à la loi morale était une obéissance librement consentie. Nous ne pouvons, en effet, obéir à la loi morale qu'à la condition d'être libres de nos actions, car « la loi morale est, avant tout, une loi de la volonté et de l'action ». Cette raison nous conduit tout naturellement à envisager le problème délicat, lequel paraît même insoluble, de la liberté.

La liberté est admise en fait.

Nous pourrions nous dispenser ici de prendre part à la querelle de ceux qui nient la liberté et de ceux qui l'affirment en se basant sur des croyances, des entités, des théories ou des systèmes. Nous pourrions nous contenter de dire que la liberté d'agir est admise en fait et que l'homme est supposé libre plus ou moins, de ses actions par toutes les législations, toutes les sociétés et que, jusqu'à preuve positive du contraire, nous devons admettre la liberté comme une réalité pratique.

II

On fait des objections à la liberté.

Cependant, avant de montrer que la liberté est naturelle à l'homme, qu'elle est inhérente au développement de ses forces, tendances et penchants, nous voulons rappeler : 1° les objections indémontrables qu'on y fait et les preuves non positives qu'on en donne ; 2° les objections positives qu'on apporte contre elle.

On oppose à la liberté des preuves non positives (fatalisme, omniscience de Dieu). On y répond par des preuves non positives (croyance instinctive de l'homme à la liberté, preuves par l'absurde, etc.).

La première objection faite à la liberté est le fatalisme qui invoque l'existence d'un pouvoir supérieur à l'homme et qui guide toutes ses actions, lesquelles sont réglées d'une manière immuable. La deuxième qui ressemble beaucoup à la précédente est celle qui prétend que le libre arbitre n'existe pas dans l'homme parce que Dieu est omniscient et sait d'avance tout ce que l'homme peut faire ou penser.

Ces deux objections étant du domaine de la croyance, nous ne les discuterons pas. Nous nous contenterons de leur opposer les preuves non-positives que donnent les moralistes. La première preuve, c'est la croyance instinctive et naturelle que tout homme a de la liberté. La réflexion et l'expérience seules lui font croire, parfois, que c'est une illusion. La deuxième est la preuve par l'absurde. En effet, nous avons déjà montré que le droit de vivre était le premier des droits de l'homme, un droit imprescriptible, quelle que soit la théorie du monde que l'on adopte. Si l'homme n'avait pas la liberté, comment pourrait-il jouir de ce droit ? Tout ce qu'il tenterait en vue de la préservation et de l'exercice de ce droit serait vain, sans but. Toute action entreprise en vue du développement des facultés serait, à plus forte raison, sans valeur parce que sans effet. Si tout était fatal, prévu, nous n'aurions pas d'alternative, pas d'hésitation devant le parti à prendre. Nous ne devrions pas non plus éprouver de regret, de remords, de joie ou de plaisir dans l'action, car ces sentiments n'auraient aucun sens. Or, l'expérience nous prouve à chaque instant le contraire ; elle nous prouve que nos sentiments ont un sens et nos actions un effet. Si nous n'étions pas libres, l'imagination, la raison, la volonté seraient des facultés inutiles, sans emploi, sans nécessité. Et la loi divine serait absurde autant que la loi naturelle puisque toutes deux créeraient des causes non suivies d'effet. Si nous n'étions pas libres, « nous ferions toujours le même choix dans les mêmes circonstances. » Or, il n'en est rien. Nier la liberté, ce serait nier les modifications des êtres par l'éducation ; ce serait nier le progrès intellectuel et moral ; et pourtant la science et l'observation nous montrent, sans erreur possible, l'efficacité de l'une et la réalité de l'autre. Nier la liberté, ce serait nier la loi morale et la loi civile dont nous reconnaissons tous la nécessité ; ce serait proclamer l'inutilité des sanctions terrestres, aussi bien que des sanctions futures (paradis, enfer, nirvanah) ; ce serait proclamer cette absurdité, qu'un être intelligent, conscient et raisonnable ne peut se servir ni de son intelligence, ni de sa conscience, ni de sa raison ; ce serait admettre qu'un homme raisonnable et qui a le droit de vivre ne peut exercer ce droit raisonnablement ; ce serait nier la croyance des hommes à la liberté naturelle.

On oppose à la liberté des preuves positives (déterminisme). Réponses qu'on y fait.

Des savants, des philosophes nient le libre arbitre en se basant sur les lois du déterminisme physique et psychologique.

L'expérience révèle, disent-ils, que l'homme est un foyer de forces, qu'il a un corps, une âme, une sensibilité, des facultés qu'il n'a pu se donner à lui-même. Elle nous révèle la nature de ces forces et la cause qui les a engendrées ou leur a permis de se révéler à lui, la vie. La science montre que les phénomènes naturels obéissent à des lois précises, qu'il n'y a pas de faits sans causes, que, dans des conditions identiques, les mêmes causes produisent généralement les mêmes effets et qu'entre la cause et l'effet existe un rapport constant et nécessaire. Elle montre que la plupart des phénomènes dont l'être est le siège sont déterminés par des lois indépendantes de sa volonté. Le déterminisme physique semble démontré, bien que la science elle-même le mette quelquefois en défaut.

Mais il ne semble pas qu'il en soit de même du déterminisme psychologique. Peut-on transporter les deux lois de causalité et de conservation de la force dans le domaine de la conscience ? Le motif le plus fort détermine toujours la volonté d'après l'expérience intérieure. Le motif étant ce qu'il est, l'acte entrepris ne peut être autre. Le motif déterminant l'acte, il n'y a pas de liberté.

Descartes réfute cette loi en répondant que la volonté peut se déterminer sans motif.

Fouillée prétend que l'idée de liberté est par elle-même une force capable de produire le mouvement.

Bergson oppose au déterminisme psychologique la spontanéité et la non-identité des états de conscience successifs ; d'après lui, le libre choix résulte de la continuité de la délibération. Pour lui, la volonté n'est pas comparable au fléau d'une balance qui s'incline du côté du plateau le plus lourd, parce que les motifs et les mobiles ne sont pas des choses, mais des raisons d'accomplir l'acte.

Quoi qu'il en soit du déterminisme général dont les facteurs sont, chez l'homme, « les tendances, les croyances et les habitudes », il semble bien établi que nous ne créons rien, que nous ne faisons rien sortir de l'absolu d'où nous sortons nous-mêmes, que nous ne pouvons empêcher les lois de la nature et les lois qui régissent nos facultés d'être ce qu'elles sont. Mais ce déterminisme ne prouve pas l'absence de la liberté. Admettons qu'il soit vrai. Sommes-nous obligés de subir ses lois, toutes ses lois. Non, « car autre chose est l'activité naturelle et autre chose notre conduite et nos actions ». « La plupart de nos actions sont d'accord avec le déterminisme, mais le déterminisme n'est pas vrai pour toutes nos actions, et cela suffit pour que nous soyons libres. » La liberté est dans notre conscience.

III

Pourquoi nous voulons reprendre cette discussion.

Les diverses preuves que nous venons de donner de la liberté sont pratiquement suffisantes. Nous tenons cependant à reprendre cette discussion pour y ajouter une preuve plus conforme à la méthode des trois degrés, aux données de la science et de l'expérience, pour montrer la solidité pratique de notre base de la morale. Nous ne poserons pas de principes *a priori*, nous nous tiendrons dans la réalité. Nous ne remonterons pas au-delà de la source naturelle des êtres, de la vie envisagée dans ses phénomènes, dans ses forces, assuré que nous sommes qu'une affirmation ne prévaudra jamais contre une démonstration, contre une vérité positive.

Comment nous concevons le problème de la liberté.

La liberté ne pouvant s'exercer que dans l'activité propre aux forces vitales de l'homme, le problème de la liberté est, pour nous, intimement lié au problème de l'activité ou de l'expansion des forces. Nous allons donc envisager :

1º *La liberté dans l'activité instinctive des forces ou dans leur usage naturel inconscient ;*

2º *La liberté dans l'activité consciente des forces ou dans leur usage naturel réfléchi :*

3º *La liberté dans l'activité volontaire des forces ou dans leur usage naturel, voulu, guidé, coordonné en vue d'un but intelligent et raisonnable à atteindre.*

La liberté dans l'activité instinctive des forces. Définition de la liberté inconsciente.

Nous savons que l'homme est un foyer de forces ou facultés physiques, intellectuelles, morales. Toutes ces forces ont, antérieurement à toute expérience, une tendance naturelle à se conserver et à se développer, conservation et développement étant la condition nécessaire de la vie puisque sans l'activité la vie ne se manifeste pas. Ce sont ces tendances que nous appelons instincts ou besoins, penchants, inclinations, croyances, habitudes par extension.

Nous savons que de multiples causes peuvent s'opposer à l'expansion de ces forces et par conséquent à l'expansion de l'individu. Ces causes ou obstacles qui se trouvent tantôt dans le sujet et tantôt hors du sujet, nous les avons déjà énumérées dans les chapitres antérieurs. Les obstacles intérieurs résident dans la réaction mutuelle des forces les unes sur les autres, dans l'expansion exagérée d'une faculté, dans une force détournée de son but, dans leur opposition, dans le dualisme vital. Les obstacles extérieurs résident dans la vie sociale et dans les forces universelles. L'obstacle naturel à l'expansion des forces, c'est donc la nature opposée à l'homme, l'homme opposé à l'homme et la force intérieure opposée à la force intérieure. Dans l'homme lui-même, en effet, cette opposition ne se retrouve pas seulement entre le corps et l'âme, mais dans le corps entre les forces physiques et dans l'âme entre les forces psychiques. Les facultés sont ainsi leur propre obstacle et le développement des unes marque souvent la limite du développement des autres. Si l'on appelle liberté, le développement non gêné d'une force, si l'on appelle contrainte l'obstacle qui s'oppose à ce développement, on peut conclure de ce qui précède que la liberté et la contrainte sont naturelles à l'homme et inséparables l'une de l'autre. C'est là le sens populaire du mot liberté dans cette définition :

« La liberté est l'état où l'activité naturelle et inconsciente d° l'homme ne rencontre pas d'obstacles. »

Dans ce sens, le degré de développement pris par une force mesure sa liberté et le degré de puissance de l'obstacle mesure sa contrainte. Naturellement, dans l'usage inconscient que nous faisons de nos forces, tantôt la liberté l'emporte et tantôt la contrainte. Jamais, il serait facile de le prouver, elles ne se font complètement équilibre et ne sont en harmonie. Mais l'état de libre expansion d'une force ou de libre action naturelle d'un homme, s'il est la liberté matérielle telle que le vulgaire la conçoit n'est pas la liberté morale. Un homme qui ne subirait aucune contrainte sociale ne serait pas libre pour cela seul que ses actions instinctives, que ses inclinations et ses penchants ne rencontrent devant eux aucun obstacle. Non, il serait simplement soumis à la loi naturelle du développement des forces, que les états successifs de ces forces, que les effets successifs des causes soient toujours ou non identiques à eux-mêmes dans le temps et dans l'espace.

La liberté dans l'activité consciente des forces. Définition de la liberté réfléchie.

Nous avons supposé tout à l'heure que l'homme n'avait pas conscience de ses actions, que ses facultés intellectuelles et morales étaient en puissance ou sous la domination absolue des instincts. 'Supposons maintenant qu'il est en pleine possession de son intelligence et de sa raison, et regardons si la connaissance qu'il a des choses, si son activité consciente lui procurent la liberté, et, dans ce but, examinons ce que peut la raison et ce qu'elle ne peut pas.

La raison (1) révèle à l'homme l'existence des forces intérieures et extérieures, leurs effets, leurs qualités diverses. Elle révèle leur activité propre, leur solidarité naturelle, l'usage que l'on peut en faire. Elle lui fait connaître leur état de libre expansion matérielle et leur état de contrainte. Elle le renseigne exactement sur la valeur du bien et le degré du mal. Par elle l'homme voit tout, observe tout, en lui et hors de lui, juge, abstrait, compare, raisonne sur toutes choses, sur sa conduite et sur la conduite des autres. Et, par l'expérience, la science, il arrive à connaître de plus en plus parfaitement les conditions favorables ou défavorables à l'activité humaine ; il établit des lois, fixe des règles, les modifie à mesure que marche le progrès.

De la connaissance qu'elle lui donne de la bonne et de la mauvaise activité, des conditions pratiques du bien et du mal ou de ce qu'elle considère comme étant le bien et le mal, il tire des motifs d'agir ; il les classe par ordre d'importance ; il trouve aussi les moyens qui lui permettront de réaliser l'action conformément à ces motifs. Seulement, ce qu'elle ne lui donne pas, aurait-elle une connaissance parfaite et complète de tout, ne se tromperait-elle jamais, c'est le vouloir et le pouvoir d'exécution. Elle lui conseille la résistance ou l'obéissance à ses forces ; elle ne l'oblige pas à faire l'un ou l'autre. Elle montre le bien et le mal et laisse accomplir le mal ou le bien. « Elle est le juge et le législateur de sa conduite ; elle n'en est pas le régulateur pratique. » Elle peut l'approuver ou la désapprouver, elle ne peut la modifier toute seule.

Cette connaissance de ce qui se passe en nous et hors de nous, cette possession plus ou moins complète de la vérité, ne prouve donc nullement que nous soyons libres. En effet, si la raison reste le spectateur impuissant, sinon indifférent, en face de nos forces, si elle n'a pas d'empire sur notre détermination et notre activité, nous ne sommes pas libres. Combien d'hommes intelligents raisonnent très

---

(1) Prise dans le sens de faculté maîtresse de l'esprit, surveillant .es autres facultés, les guidant, coordonnant les connaissances et les données de l'observation, éclairant la conscience.

bien en toùt et sur tout et agissent pourtant en dépit du bon sens, restent soumis totalement à l'impulsion de leurs forces les plus puissantes. La liberté morale, en conséquence, n'est pas plus dans l'activité réfléchie que dans l'activité inconsciente. Et l'on ne peut donner, dans ce cas, que cette deuxième définition de la liberté :

« La liberté réfléchie est l'état où l'activité naturelle et consciente de l'homme ne souffre aucune contrainte. »

IV

La liberté dans l'activité volontaire.

Puisque la liberté morale n'est ni dans l'activité inconsciente ni dans l'activité consciente de l'homme, où la trouverons-nous ?

Elle ne peut être que dans l'activité volontaire. Pour qu'il y ait liberté morale, en effet, il faut qu'il y ait non seulement connaissance de l'acte, choix, motif, mais détermination volontaire, c'est-à-dire intervention à la fois de l'intelligence, de la raison et de la volonté. La raison, la conscience, ont beau délibérer, peser les motifs et les mobiles, si la volonté reste indifférente, indécise entre ces mobiles et ces motifs, il n'y a pas liberté puisqu'il n'y a pas résolution d'agir dans un sens plutôt que dans l'autre. Au contraire, si la volonté se prononce en faveur d'un motif ou d'un mobile ou simplement pour se manifester et décide l'accomplissement de l'acte ou de la série d'actes correspondants à cette détermination, il y a liberté.

Mais, dans cette liberté, il faut distinguer deux moments ou degrés : le vouloir et le pouvoir.

Si la volonté ne passe pas à l'exécution des actes, il y a simplement vouloir, dans ce cas, la liberté morale n'est pas complète, elle n'existe qu'au premier degré, c'est la liberté d'intention ; mais le vouloir n'en est pas moins la première manifestation de la volonté, le fondement du devoir pratique.

Si la volonté, après avoir manifesté son vouloir, manifeste son pouvoir par l'accomplissement de l'acte délibéré, il y a vraiment liberté morale complète, liberté pratique ou liberté d'action.

L'homme a-t-il la possibilité de jouir de la liberté d'intention ? a-t-il la possibilité de jouir de la liberté d'action ? L'homme sachant où est le bien et le mal peut-il opter pour l'un ou l'autre par raison ou par égoisme, peut-il utiliser ses forces, en choisir l'emploi, en diriger l'activité dans la voie choisie par lui, peut-il les modifier en puissance et en qualité, les développer, les contraindre, favoriser ou entraver leur expansion ? Peut-il contraindre ou favoriser les forces d'autrui, se soumettre ou résister aux forces naturelles ? En un mot, peut-il exercer son vouloir et, ce vouloir aidant, peut-il exercer son pouvoir sur la nature, sur les autres et sur lui-même ? Toute la question est là.

La liberté dans le vouloir ou liberté d'intention.

Examinons d'abord la liberté dans le vouloir. La liberté d'intention peut toujours s'exercer chez un homme sain de corps et d'esprit. Aucune puissance au monde n'est capable d'empêcher cette liberté d'exister. On peut enchaîner le corps, on ne peut ôter à l'âme son pouvoir de délibération : le prisonnier peut exercer son vouloir ; l'esclave n'en est point privé. Dans l'hypnose même, l'âme se rebelle contre la domination qu'elle subit. Les exemples sont nombreux en nous, autour de nous et dans l'histoire de l'humanité qui prouvent sans conteste la liberté d'intention. La torture et le martyre peuvent briser le pouvoir d'agir sans anéantir le vouloir ; la bouche peut crier : « oui », alors que la volonté dit : « non ». Donc :

« la liberté d'intention est la faculté que possède la volonté de choisir et de vouloir l'acte à accomplir après mûre délibération. »

Sa variabilité.

Mais cette liberté subit évidemment des variations de degré d'un individu à l'autre, selon l'état de santé de chacun, selon l'état de ses facultés. Pour le fou chez qui toute raison ou toute conscience est abolie, cette liberté est absente puisqu'il est incapable de délibérer et partant de choisir. La liberté dont il peut jouir est toute matérielle ; elle n'est pas morale, bien qu'elle laisse subsister le libre arbitre, le choix spontané d'une action.

La liberté d'intention varie également dans un même individu suivant l'âge, l'expérience et le degré de conscience qu'il possède à un moment donné. Tout ce qui augmente son savoir, éclaire sa raison, fortifie sa conscience, favorise en lui la liberté d'intention. Tout ce qui altère l'intelligence, tout ce qui obscurcit la raison est par contre un obstacle à sa liberté d'intention. La faculté de délibérer est diminuée dans la colère et la haine ; elle est momentanément absente dans certains états d'âme, après un grand chagrin par exemple, dans certains états pathologiques provoqués par la maladie, par l'absorption de stupéfiants, dans l'ivrognerie et dans l'alcoolisme. Mais en dehors de ces cas particuliers, la liberté d'intention, plus ou moins grande, existe toujours ainsi que nous pouvons nous en convaincre par notre expérience journalière.

La liberté dans le pouvoir ou liberté en action.

Examinons maintenant la liberté dans le pouvoir. L'homme, malgré toutes ses bonnes intentions, est-il forcé d'obéir à ses penchants, à ses passions, est-il obligé de se soumettre aux lois de la nature ? ou a-t-il le pouvoir d'accomplir l'acte délibéré, voulu ?

Ce pouvoir, nous le verrons, est moins général que le vouloir, mais il existe.

Avant d'en déterminer la nature exacte, d'en fixer les limites et d'en montrer la variabilité, regardons les manifestations de cette liberté d'action de l'homme dans l'homme lui-même, dans la société et dans la nature. L'effet prouvant la cause, les manifestations d'une force prouvant cette force, si nous établissons que l'homme peut, de sa propre volonté, accomplir certains actes, nous aurons prouvé sa liberté d'action.

Il est possible de montrer au moyen d'exemples nombreux que l'homme est libre, dans bien des cas, de se soumettre au déterminisme ou de s'y soustraire, de se soumettre à l'action des autres ou de leur résister. Le déterminisme étant dans les forces, les causes, les effets, les lois naturelles, la liberté est dans la recherche de ces causes, dans la contrainte à laquelle on les soumet dans certaines circonstances de la vie, dans l'aide qu'on leur apporte soit pour développer leurs qualités, atténuer leurs défauts, leurs effets, soit pour se soumettre à leur puissance, soit pour leur échapper.

Pouvoir de l'homme sur la nature.

Ainsi l'homme peut se soumettre à l'action des forces de la nature ou leur résister : il peut en diriger un certain nombre, les détourner de leur but, les capter ; il peut favoriser certains phénomènes ou les empêcher de se produire ; il peut se les rendre favorables ou hostiles. Un fleuve déborde et envahit ses rives noyant tout : c'est l'effet inévitable d'une cause connue : l'excès d'eau ; on ne peut détruire la cause, mais on peut éviter l'effet en construisant des digues. On ne peut faire qu'une rivière n'existe pas ; mais on peut diriger son cours, la canaliser, faire servir ses eaux à de multiples usages. On ne peut empêcher le vent de souffler, mais on peut l'employer à tourner les roues des éoliennes et les ailes des moulins. On ne peut empêcher le froid, la chaleur, les frimas d'exister ; mais on peut se garantir contre les intempéries des saisons par le feu, le vêtement et l'habitation. Tout le monde connaît les terribles effets d'un courant électrique à haute tension sur le corps humain et pourtant on peut, sans danger, canaliser, accumuler, distribuer l'énergie électrique de mille manières en prenant certaines précautions. La physique, la chimie, l'industrie, la vie pratique fournissent un nombre incalculable d'exemples du pouvoir qu'a l'homme de contraindre les choses et les éléments, de mettre les forces naturelles à son service, de combiner, d'associer, de dissocier, de détruire des états de matière et d'en produire sans cesse de nouveaux, de mesurer la force, de fixer l'image et la couleur, de capter les sons et de les reproduire, de vaincre la pesanteur par des inventions plus merveilleuses les unes que les autres.

Le pouvoir de l'homme sur les animaux et les plantes est non moins manifeste : la volonté de l'homme s'impose non seulement aux animaux domestiques, mais même aux animaux féroces ; l'agriculteur impose aux plantes des conditions de germination, de croissance particulières et, par des croisements appropriés, produit sans cesse de nouvelles variétés.

Pouvoir de l'homme sur les autres hommes.

Le pouvoir de l'homme sur les autres hommes est non moins indéniable que son pouvoir sur la nature. Ce pouvoir s'exerce sous trois formes : pouvoir personnel individuel, pouvoir personnel collectif et pouvoir impersonnel.

Un homme peut exercer son pouvoir personnel sur un autre homme, sur une collectivité, une association, une nation ou un ensemble de nations. En dehors des preuves historiques, à tous les instants nous avons sous les yeux des preuves tangibles d'un homme imposant sa volonté à d'autres hommes. Le père et la mère exercent ce pouvoir sur leurs enfants, les époux l'exercent l'un sur l'autre, l'ami l'exerce sur son ami, le camarade sur son camarade, le voisin sur son voisin, un patron sur ses ouvriers. On a vu, on voit encore, un monarque, roi ou empereur, seigneur ou prince, imposer sa volonté à ses sujets comme on voit des tyrans nègres l'imposer à leurs esclaves. Partout et dans tous les milieux on voit le fort dominer le faible et

même s'attaquer à aussi fort ou plus fort que lui. Mais
où l'homme prouve le mieux son influence sur l'homme,
c'est dans l'éducation de l'enfant, de l'adolescent auxquels
il fait acquérir des qualités d'intelligence, de cœur et de
caractère qu'ils ne possèderaient jamais sans son intervention.

Parfois le pouvoir de l'homme s'exerce collectivement.
L'histoire offre de nombreux cas d'oligarchies politiques
exerçant leur pouvoir sur les peuples : la Révolution
française a eu son Comité de Salut Public... Une armée
décide de la victoire sur l'armée adverse par sa volonté
collective de vaincre.

L'homme enfin peut exercer son pouvoir d'une manière
impersonnelle à la fois sur lui-même et sur les autres par
la loi civile, politique, criminelle, en déléguant son pouvoir d'exécution à certains organismes sociaux (police,
justice) pour garantir et comprimer en même temps sa
liberté d'action.

Pouvoir de l'homme sur lui-même.

D'un autre côté, si nous considérons l'homme en lui-
même nous verrons qu'il peut également exercer sa volonté sur ses forces intimes. Il a le pouvoir de les incliner
vers le bien ou de les diriger vers le mal, qu'il s'agisse
de ses forces physiques ou de ses forces morales et intellectuelles. Il peut, en se plaçant dans certaines conditions
favorables, modifier ses facultés en puissance ou en qualité. Il peut les laisser à l'état inculte. Il peut les développer jusqu'à l'hypertrophie en passant par la normale.
Il peut les retarder dans leur expansion et les comprimer
jusqu'à l'atrophie. Un homme est robuste, il a les membres
souples, vigoureux ; il se condamne pendant longtemps à
l'immobilité et bientôt il perd ses belles qualités. Un autre
homme, au contraire, est faible ; mais il pratique assidûment les règles de l'hygiène et il arrive peu à peu à
fortifier son corps dans une mesure variable. Il en est
des facultés de l'âme comme des organes et des forces
physiques. Un homme a une belle intelligence ; il n'est
au pouvoir de personne de faire qu'il ne l'ait pas, mais
il peut l'arrêter dans son développement en la privant
d'instruction, de même qu'il peut, par des exercices appropriés, l'améliorer et la perfectionner jusqu'à son maximum. Nul doute qu'en se plaçant dans les mêmes conditions chacun de nous n'obtienne un semblable résultat
ou un résultat proportionnel à la puissance d'expansion
de ses forces. L'amour est une grande force ; il est

impossible de l'empêcher de naître et de se manifester en soi ; mais on peut vaincre ou du moins atténuer son emprise en s'éloignant de l'être aimé, en cherchant des dérivatifs dans d'autres affections. La vie ne dépend pas de l'homme et l'homme a pourtant le pouvoir de transmettre la vie ; mais il peut éviter cette transmission par la pratique de la chasteté. Même dans les cas les plus humbles, on trouve des preuves de la liberté d'action de l'homme. Paul aime un mets qui lui cause une indigestion chaque fois qu'il en mange ; il ne peut éviter, en mangeant ce mets, que son goût soit satisfait et son estomac malade ; mais il peut éviter la manifestation de ces deux phénomènes en s'abstenant de manger le mets en question. Non seulement l'homme a le pouvoir d'agir sur une de ses forces en particulier, mais il a le pouvoir de coordonner leur action, de les unir en faisceau pour atteindre un but unique ; il a le pouvoir de faire effort pour se perfectionner lui-même et de travailler au perfectionnement social, ce qui est le pouvoir le plus élevé auquel il soit possible d'atteindre.

Il y a partout et en tout puissance et résistance.

Pratiquement, il est donc démontré que l'homme est libre puisqu'il peut exercer son vouloir et son pouvoir d'action. Mais il est nécessaire d'apporter sur cette question des explications complémentaires susceptibles de l'éclairer davantage.

Dans l'exercice de sa liberté d'intention et d'action, nous avons vu que l'homme est obligé de faire un effort constant puisqu'il n'est libre qu'à la condition de faire usage de sa volonté, soit pour contraindre, soit pour résister à la contrainte. Il vit, en effet, au milieu de forces sans nombre. Il est contraint de toutes parts en lui et hors de lui. Son expansion individuelle est une contrainte pour ce qui l'entoure et ce qui l'entoure est une contrainte pour lui-même : il y a partout, en lui et hors de lui, permanence et réciprocité de contrainte, simultanéité de puissance et de résistance, résistance et puissance variables à l'infini et rarement équivalentes. Mais il a le pouvoir de résister à la contrainte intérieure et extérieure, de leur échapper dans une certaine mesure et de contraindre à son tour les êtres et les choses qui s'opposent à son propre développement comme il a celui de se contraindre lui-même. Même lorsqu'il suit un penchant dominant, l'homme résiste à l'appel de ses forces plus faibles, à l'appel de sa raison ; lorsqu'il écoute sa raison, il résiste à ses penchants mauvais ; dans les deux cas, il est libre, car on ne peut pas soutenir que l'homme est cbligé d'obéir à ses passions plutôt qu'à sa raison et à sa conscience ou inversement.

Dans toutes ses actions, il y a puissance d'un côté et résistance ou obstacle de l'autre. La contrainte intérieure et extérieure qu'il subit est l'obstacle ou la résistance. La contrainte qu'il impose lui-même, c'est sa puissance, son pouvoir. Et ce pouvoir c'est la volonté, qu'on la considère comme une puissance à part, comme l'attribut d'une force ou comme la puissance totale des forces de l'être coalisées en vue d'un but à atteindre. Elle existe, c'est l'important. Elle agit en opposant expansion à expansion, obstacle à obstacle. Elle n'a pas besoin, dans ces conditions, de créer des forces nouvelles. Elle n'a qu'à se servir de celles qui existent réellement, à les unir, à les opposer, à les combiner pour obtenir de nouvelles valeurs de forces, de nouvelles formes d'activité qui produisent des effets insoupçonnés et qui sont de véritables créations. Ces qualités nouvelles, ces états de conscience successifs induisent à des motifs nouveaux qui poussent l'âme à de nouvelles délibérations, à de nouvelles décisions, à des actions imprévues l'instant d'avant ce qui prouve mieux que tous les raisonnements métaphysiques la liberté de l'homme.

L'homme jouit d'une puissance redoutable.

N'est-ce pas là une puissance formidable et redoutable laissée à l'homme que celle qui lui permet de prendre conscience de ses forces et d'en user selon son vouloir, de connaître les principales lois qui gouvernent les hommes et régissent la matière et d'en faire jaillir des qualités et des applications sans nombre pour atteindre une fin raisonnable ou une fin injuste et mauvaise. Donc, la raison juge, la volonté favorise ou contraint. Cette contrainte (ou résistance volontaire), merveilleux attribut de l'homme, est l'image exacte de la contrainte naturelle ; mais elle a infiniment plus de valeur puisqu'elle est réfléchie ; elle est la plus haute expression de la liberté pratique, de la liberté d'action. Si petite soit-elle, cette part de contrainte que l'homme peut exercer sur lui et autour de lui, c'est ce qui fait sa noblesse et sa grandeur, c'est ce qui le rapproche de la Perfection idéale.

Son pouvoir est d'accord avec la métaphysique et la science.

Ce pouvoir de contrainte est d'accord avec la métaphysique et la science. Dieu a tout créé, diront les idéalistes ; il peut tout contraindre, tout plier à sa volonté. La matière se contraint elle-même, diront les matérialistes. Et l'homme, issu de la matière ou de Dieu, jouit à un degré moindre et variable de ce pouvoir, pouvoir qui, dans certaines circonstances, peut lui être ôté partiellement ou en totalité. Et, de ce fait, l'homme reste dans l'ordre universel. Il subit la loi du déterminisme dans son être physique et dans la plupart de ses forces morales et c'est un bien, car « sans le déterminisme nécessaire à l'établissement de l'expérience et des lois de la science, sans la contrainte naturelle et nécessaire au développement de l'homme, la liberté serait quelque chose d'absurde comme le règne du chaos et rien ne serait moins désirable » ; sans le déterminisme, on ne saurait découvrir les conditions dans lesquelles il faut se placer pour atteindre un but fixé, pour obéir aux règles de la conduite. Mais de même que la cause domine l'effet, la conscience, il y a tout lieu de l'affirmer d'après les explications qui précèdent, échappe souvent à sa loi et se détermine elle-même puisqu'elle n'agit pas d'une manière identique dans tous les cas semblables. On peut donc définir la liberté pratique:

La liberté d'action est le pouvoir que possède l'homme de se soumettre ou de résister à la contrainte intérieure et extérieure des forces, de se contraindre lui-même, de contraindre les autres et les forces de la nature en vue d'un devenir préalablement délibéré et voulu.

La définition que l'on donne ordinairement de la liberté (*le pouvoir que possède la volonté de se déterminer à une action de son choix*) ne marque pas suffisamment l'effort fait dans toutes les actions volontaires, l'effort fait pour échapper au déterminisme et pour profiter du dualisme universel en les faisant tourner tous deux au profit de l'avenir humain.

V

Cette conception de la liberté est naturelle et parfaitement d'accord avec la vie pratique.

Elle est basée sur le dualisme universel et sur l'effort constant nécessaire au maintien de l'équilibre entre les forces individuelles et entre les forces sociales. Elle est d'accord avec la conception vitale du bien, la méthode des trois degrés et la loi morale puisqu'elle impose la contrainte et la résistance pour arriver, coûte que coûte, au bien. Elle dit à l'homme : « contrains-toi au devoir, résiste au mal individuel et social, combats le mal humain, les forces hostiles de la nature et rejette loin de toi la résignation passive. » Elle montre les difficultés qu'il faut vaincre pour parvenir à la sagesse individuelle et à la justice sociale et la peine que l'on éprouve pour aborder « l'Ile de Vertu » où règne la paix par le développement normal des facultés et l'équilibre instable entre les puissances et les résistances. Elle montre que l'homme, pour mériter la liberté, doit s'en montrer digne par un travail acharné, une lutte continuelle pour le bien, par la résistance à l'oppression, d'où qu'elle vienne ; elle trace le devoir des citoyens et des démocraties. Elle constate l'inéluctable contrainte sociale et légitime la lutte des idées, la lutte ardente pour le bien sans laquelle il n'est point de progrès possible. L'homme qui cherche la vertu livre des combats incessants, douloureux à ses passions avant de la posséder et lutte encore pour la garder en lui. Une société qui veut le bien lutte, souffre pour lui est une société bonne, morale, éprise d'idéal et qui cherche son bonheur par l'harmonieux équilibre des organismes sociaux. Nous n'en voulons pour preuve que ce qui se passe en France en ce moment. Les passions (les forces trop développées) y ont pris une grande expansion et leur conflit un caractère d'acuité extrême (1). Devant ce spectacle qui nous émeut nous-même profondément les étrangers, et beaucoup de Français avec eux, croient que la France entre en décomposition. Un observateur impartial et profond y découvrirait peut-être tout autre chose : il y verrait des forces sociales trop comprimées usant de leur droit à l'expansion, de leur droit de contrainte pour s'opposer à la trop grande contrainte d'autres forces sociales. Il y verrait des groupes d'individus voulant augmenter leur minimum de bien et d'autres groupes voulant conserver leur maximum de biens terrestres. Il y verrait une société recherchant l'équilibre par la justice et la solidarité.

Elle est d'accord avec le dualisme universel et la méthode des trois degrés.

Qu'il nous soit permis de faire remarquer ici la différence énorme qui existe entre ce noble dualisme vital et

____

(1) Ceci était écrit avant la guerre.

ce qu'on est convenu d'appeler « la lutte pour la vie ». Ce dualisme vital est l'expression pratique du bien : il est moral ; c'est la lutte pour le droit ; c'est la lutte qui ne viole pas la justice, mais qui la rétablit et la fait triompher ; c'est la lutte courtoise pour l'équilibre synonyme de la plus grande liberté. La « lutte pour la vie » n'est que la loi de l'égoïsme brutal : elle est immorale ; c'est la loi morale allemande, la loi des impérialistes de tous les pays.

Elle légitime la résistance à l'oppression et la guerre défensive.

Cette conception de la liberté légitime la résistance à l'oppression ; elle légitime la guerre défensive pour préserver la vie nationale et atteindre à la paix dans l'équilibre instable des contraintes et des résistances ; elle montre que l'équilibre ne peut être établi d'une manière définitive dans la société et entre les nations ; mais qu'on peut, par un effort constant, rétablir cet équilibre au fur et à mesure qu'il se rompt. Ainsi l'équilibre n'est pas l'immobilité, c'est le point d'appui de toute notre activité morale.

VI

Le pouvoir de contrainte de l'homme et sa liberté sont variables et limités.

Le pouvoir que possède l'homme de contraindre et de résister à la contrainte considéré sous ses trois formes : pouvoir sur soi, pouvoir sur les autres, pouvoir sur la nature, dépend de sa force physique, de son intelligence, de sa volonté, de sa fortune, de son talent, de sa situation individuelle et de sa fonction sociale. Il a, est-il besoin de le dire, des limites matérielles et morales qui marquent les limites extrêmes de la liberté dans le bien comme dans le mal. Il est également soumis aux lois de la variabilité.

Le pouvoir de l'homme sur la nature, malgré les inventions admirables des d .ières années est bien faible encore et la résistance u a volonté, la compression qu'il éprouve de ce côté est insurmontable : « le moindre des phénomènes naturels est trop souvent pour lui une cause de mort. »

L'homme a sur lui-même un pouvoir également limité. Il peut résister à l'emprise des forces qui sont en lui ; il ne peut ni les supprimer totalement, ni les empêcher de se manifester au moment où il y pense le moins. Il peut se consacrer tout entier à la science, à la patrie, à

l'humanité ; il peut aller jusqu'à l'immolation de lui-
même pour les servir. Mais il est souvent incapable de
lutter contre les maladies physiques et la souffrance morale : en lui la contrainte intérieure dépasse parfois telle-
ment sa résistance qu' « il succombe, définitivement
vaincu, et en arrive au suicide qui prouve son impuissance absolue de vivre. » Il est impuissant à connaître
sa destinée, à prévoir l'avenir. D'un autre côté, le pouvoir
sur soi souffre des différences considérables d'un individu
à l'autre selon la puissance des facultés de chacun et indépendamment de la position qu'il occupe dans la société.
A ce point de vue le savant n'est pas mieux partagé que
l'ignorant, le roi que ses sujets. Chez les humbles comme
chez les grands on trouve des volontés puissantes et des
volontés débiles.

Le pouvoir de l'homme sur autrui est considérable, mais
également limité. Le fort contraint le faible, mais il est
contraint par un autre plus fort que lui ; il est contraint
par la société, par la loi. La société elle-même peut em-
prisonner un homme, elle ne peut lui ôter la liberté de
maudire ses juges. » Un homme peut en martyriser un
autre, il ne peut se faire aimer de sa victime. Un homme
peut contraindre un autre homme dans son corps, dans
sa chair, matériellement ; il peut même lui ôter la vie ;
il peut difficilement le contraindre dans son âme ; il peut
priver les autres de leur liberté d'action, il ne peut supprimer en eux la liberté d'intention qu'en les mettant à
mort. Il est à remarquer d'ailleurs que ce pouvoir de
contrainte est fort variable de l'un à l'autre, variable à
la fois avec la volonté de chacun et avec le pouvoir conféré
à l'individu par la fonction sociale qu'il remplit, considé-
rablement variable du pauvre au riche, de l'ouvrier au
patron, du chef au subordonné, de l'élu à l'électeur, des
gouvernants aux gouvernés, du monarque à ses sujets,
du tyran à ses esclaves. Chez les uns il est presque nul ;
chez d'autres, il est exorbitant puisqu'il va jusqu'à donner
la mort.

**Le pouvoir de contrainte de l'homme est légitime lorsqu'il
s'exerce pour atteindre au bien positif maximum qui marque la limite extrême de la liberté morale.**

L'exercice de ce pouvoir, quelle que soit son étendue,
est-il légitime ?

Ici, il faut distinguer entre le pouvoir exercé pour le
bien et le pouvoir exercé pour le mal. Le pouvoir de l'homme sur la nature est légitime lorsqu'il s'exerce pour le

bien. Le pouvoir sur soi n'est jamais trop développé quand il s'applique au bien, à la vertu, car il est naturel. Le pouvoir sur les autres employé à la réalisation de leur bonheur individuel et social, qu'il soit naturel ou conventionnel est un pouvoir non moins légitime.

Le bien désirable sur terre étant le bien maximum, le *pouvoir légitime naturel ou moral de l'homme est donc le pouvoir employé à atteindre l'idéal terrestre.* Tout autre exercice du pouvoir de l'homme sur l'homme, qu'il soit légal ou non, s'oppose à la fin de l'individu (1) ; c'est un exercice qui viole le droit naturel et qui doit être combattu, brisé. L'impérialisme allemand, la théorie de Nietché, qui prétend que le pouvoir doit être réservé (ce qui est rationnel), à l'élite, à la race supérieure (ce qui est moins rationnel, laquelle a le droit de faire servir le peuple à sa fin à elle (ce qui est immoral) est un pouvoir illégitime. Le pouvoir réservé à l'élite intellectuelle et morale, c'est bien. Mais le pouvoir n'est pas donné à cette élite pour la seule compression, il lui est donné pour faciliter l'expansion des forces dans l'individu et des individus dans la société. Le peuple a donné un pouvoir immense aux gouvernants pour le défendre et garantir sa liberté. C'est par une fausse interprétation de ce pouvoir, par une interprétation égoïste et abjecte que les gouvernants s'en sont servi pour opprimer le peuple.

La limite extrême du pouvoir de l'homme sur lui-même, sur la nature et sur autrui est dans le bien maximum individuel et social ; en dehors il n'y a qu'arbitraire, tyrannie, immoralité.

La vraie liberté morale est la liberté normale ; sa définition.

La liberté (qui est toujours, en elle-même, un bien) varie avec ce pouvoir et a les mêmes limites que lui : elle peut s'exercer pour le bien et engendrer les bonnes actions ou s'exercer pour le mal et engendrer les mauvaises actions. *LA SEULE LIBERTÉ DESIRABLE EST LA LIBERTE DANS LE BIEN,* c'est-à-dire celle qui favorise le développement des facultés dans l'homme ou de l'homme lui-même dans la société, celle qui permet de se rapprocher le plus près possible de l'idéal terrestre. *CETTE LIBERTE, C'EST LA LIBERTE MORALE OU LIBERTE NORMALE.*

Le développement normal et harmonieux donnant à l'homme un maximum de bien ou de bonheur et un minimum de mal ou de douleur, la volonté qui lui procurerait

____

(1) Les lois sociales sont trop souvent opposées au bien maximum.

ce développement lui donnerait en conséquence un maximum de liberté, c'est-à-dire un minimum de contrainte intérieure et extérieure. Cette liberté normale serait la liberté raisonnable, parfaite, puisqu'elle imposerait l'égalité de contrainte entre les forces dans l'individu et l'égalité de contrainte entre les hommes dans la société, au lieu de favoriser l'expansion exagérée d'une force individuelle ou sociale comme cela a lieu avec le pouvoir personnel individuel ou collectif absolu. Nous tirons de cet exposé une quatrième définition de la liberté :

La vraie liberté morale est la liberté normale, c'est-à-dire la liberté employée à l'acquisition du bien maximum individuel et social ou « idéal terrestre ».

Nous sommes éloignés de cette liberté normale ; mais il ne semble pas impossible d'y atteindre progressivement.

Nous ne sommes pas près d'atteindre à cette liberté. Nous l'aurons quand les forces de l'homme seront soumises à sa volonté devenue raisonnable et altruiste et lorsque les forces sociales seront disciplinées dans le devoir. Il en est de la liberté comme du bien et du devoir : il faut qu'elle soit éclairée sur les actions qu'elle doit accomplir. De multiples causes nous éloignent encore de la possession du bien maximum et de multiples raisons s'opposent à la liberté normale. Mais nous nous en rapprochons chaque jour un peu plus à mesure que le progrès, la science nous révèlent les lois de l'univers, le fatal, le déterminé et les conditions du bon et du mauvais développement des forces individuelles et sociales. Lorsque la raison sera mieux éclairée sur le bien et le mal, lorsque la société sera mieux éclairée par la raison sur ses véritables besoins, il ne semble pas impossible qu'on arrive à l'égalité dans les conditions du développement des facultés et dans l'acquisition du bien pratique ; mais nul ne peut avoir la prétention d'aboutir à cette chimère : l'égalité des forces et des qualités dans les individus et l'égalité des hommes et des organismes dans la société. La seule égalité désirable est l'égalité dans la justice et dans la solidarité d'où résulte l'harmonie entre les citoyens.

Le progrès dans le bien constaté jusqu'ici doit nous donner la certitude d'un avenir meilleur.

La raison se trompera longtemps encore dans le choix du bien, sur les qualités désirables à donner aux forces, elle induira la volonté en erreur ; mais cette faiblesse de la raison, ses erreurs sur la connaissance n'empêcheront pas la liberté individuelle et sociale d'être une réalité dans l'avenir comme elle l'a été dans le passé. Cette liberté sans cesse grandissante a permis à l'homme d'échapper peu à peu à sa condition misérable des premiers âges, de modifier sa manière de vivre, de résister à la contrainte formidable des êtres et des éléments, à mesure qu'il prenait davantage conscience des choses et de lui-même. De la caverne à la hutte, de la hutte à la maison ; du sentier à la route et au chemin de fer ; du radeau au transatlantique moderne ; du chariot à l'aéroplane, le progrès a été lent. Il a été lent de l'âge de pierre à la tribu, de la tribu à la nation, du pouvoir absolu au pouvoir constitutionnel et à la démocratie ; mais il a été continu, continu dans les conditions de vie matérielle et morale, de bien-être et de moralité.

C'est cette progression ininterrompue quoique intermittente du bien, c'est cette découverte de phénomènes nouveaux, de lois nouvelles, « cette recherche constante du déterminé et des moyens d'échapper au déterminisme », ce sont ces recherches continuelles de vérités partielles, cette lutte constante des puissances et des résistances qui rendent la vie intéressante, captivante, belle et noble par-dessus tout ; c'est la curiosité en face d'un champ infini, c'est le progrès continu dans le bien qui doit nous donner la certitude d'un. avenir meilleur dans l'immensité sans limites du temps, de l'espace, de la durée de l'espèce humaine et des mondes.

CHAPITRE VIII

Les sanctions de la morale indépendante

I

La liberté de l'homme entraîne sa responsabilité.

La liberté de l'homme entraîne sa responsabilité morale et pénale. Théoriquement, cette responsabilité a été admise par la plupart des philosophies, elle l'a été par les religions. Pratiquement, elle a été admise par toutes les sociétés. Les législations n'ont pas d'autres bases que la responsabilité morale.

Jusqu'à preuve positive du contraire nous devons agir comme si nous étions libres. S'il nous est, un jour, réellement démontré, malgré les preuves que nous croyons naturelles et positives du contraire, que nous ne le sommes en aucune circonstance, nous abandonnerons toute préoccupation morale ; mais jusque-là nous continuerons à rechercher le bien maximum, à pratiquer nos devoirs et à obéir à la loi morale, sans oublier que la liberté et la responsabilité sont étroitement liées l'une à l'autre et que le degré de liberté de l'individu marque son degré de responsabilité. La responsabilité, comme la liberté, varie, en effet, nous le savons, avec le degré d'intelligence, de conscience, de réflexion et de raison de chacun, avec le degré de contrainte naturelle et sociale auquel il reste soumis. Dans quelques cas même cette responsabilité n'existe pas pour celui qui accomplit l'action. Mais la responsabilité n'est pas absente pour cela : elle remonte seulement de l'individu à la cause de son irresponsabilité. La liberté d'intention suffit pour établir la responsabilité morale. La liberté d'action seule peut servir à établir la responsabilité civile et pénale.

II

Les sanctions sont la conséquence de la responsabilité. Les moralistes admettent ou rejettent les sanctions morales.

Les sanctions sont la conséquence de la responsabilité. Si l'on admet celle-ci, en effet, il faut admettre les sanctions, car sans les sanctions, la responsabilité serait sans objet.

Sont-elles nécessaires ? Les avis sont partagés sur ce point. Des moralistes réclament des sanctions et en proclament la légitimité. « Elles sont, disent-ils, pratiquement nécessaires pour rappeler chacun au respect des autres, pour faire respecter la loi morale qu'on peut violer si on le veut, mais qu'on est tenu d'accomplir », comme aussi pour exciter au devoir. Toute action librement consentie est forcément imputable à son auteur. Lorsqu'une action est conforme au bien et au devoir, celui qui l'accomplit devrait être récompensé ; il devrait être puni lorsqu'il viole sciemment la loi morale et la loi sociale qui en découlent.

D'autres moralistes rejettent toutes les sanctions autres

que les sanctions naturelles comme étant illégitimes et
non fondées en droit, et aussi parce qu'ils admettent que
l'homme doit jouir d'une liberté illimitée et que rien ne
doit s'opposer à son expansion individuelle. Nous avons
démontré par ailleurs, d'une manière positive, que les anar-
chistes qui soutiennent cette thèse commettent une erreur
matérielle, une erreur scientifique résultant d'une fausse
interprétation de la vie et du droit naturel. Nous n'y
reviendrons pas.

Quelques autres moralistes, tout en reconnaissant la
légitimité théorique des sanctions les rejettent parce que,
pratiquement, il est très difficile pour ne pas dire impossible d'établir de justes sanctions. Mais comme la société
ne pourrait exister sans le respect de la justice, ils admettent les punitions sociales, mais rejettent toutes les récompenses.

III

Les sanctions de la morale indépendante ou vitale.

La plupart des morales ont leurs sanctions qui sont
trop connues pour que nous ayons besoin de les passer
en revue.

Comme elles, la morale indépendante a ses sanctions.
Avant d'en fixer la nature et d'en opérer la classification,
nous allons en établir la légitimité. Si nous prouvons que,
malgré leur variabilité pratique, leur injuste inégalité,
il y a des sanctions conformes au droit naturel, à la
nature vitale du bien individuel et social, au bien maximum, nous aurons démontré leur légitimité d'une manière
complète. Pour faciliter notre démonstration, nous distinguerons deux catégories de sanctions : *les sanctions
naturelles et les sanctions volontaires* et, dans chacune
de ces deux catégories, entre *les sanctions individuelles
et les sanctions sociales positives ou purement morales.*

Les sanctions naturelles, individuelles et sociales.

Il y a des sanctions qui résultent du jeu naturel de
nos organes et de nos facultés, de l'expansion naturelle
de nos forces ou des forces de la nature, de leur solidarité,
de la liberté naturelle, en un mot du dualisme universel.
Notre activité instinctive, consciente et volontaire trouve
des sanctions naturelles dans la nature, en nous-même et
dans la société puisque chacune de nos actions est suivie
d'une réaction naturelle comme nous l'avons vu aux chapitres du bien et du mal et de la liberté.

Elles sont parfois justes.

Je m'expose, tête nue, aux rayons brûlants du soleil ; sanction : insolation. Je m'expose à un froid vif ; sanction : rhume, bronchite, pleurésie. Je m'expose à l'humidité ; sanction : rhumatisme. Un paysan cultive bien son champ ; sanction : bonne récolte. Il le cultive d'une manière routinière : sanction : mauvaise récolte. Il prend soin de ses animaux domestiques ; sanction : bon travail et bon rapport. Il fait le contraire ; sanction : faible travail et petit rapport.

L'hygiène, la gymnastique, la propreté corporelle, l'activité réglée, la sobriété, la tempérance ont pour sanction la santé, le bien-être physique, la liberté d'esprit, la joie, la gaieté. La malpropreté, le repos prolongé, la paresse, la gourmandise, l'intempérance, l'ivrognerie, l'alcoolisme rendent le corps débile, détériorent les organes et ont pour sanction le malaise et la douleur physiques, l'ennui. La vérité, la franchise, la loyauté, la bonté, l'amour, les saines émotions, les jouissances paisibles, le travail, l'accomplissement du bien, la recherche du beau, du vrai, la pratique de l'altruisme ont généralement pour récompense la satisfaction morale. Le mensonge, la tromperie, le parjure, la trahison, la colère, l'égoïsme, la cruauté, le crime sont souvent punis par le regret, le remords.

A ces sanctions individuelles s'ajoutent des sanctions sociales. La bonne conduite, le travail, la vertu, le talent, le savoir ont pour sanction l'estime des autres, leur confiance, leur considération, leur respect, leur admiration, leur vénération. La mauvaise conduite, la paresse, l'ignorance voulue ont, par contre, pour sanction la méfiance, le mépris, l'horreur et la haine des autres ou l'indifférence publique.

Ces sanctions de la nature, ces sanctions individuelles et sociales naturelles énuméré﹅ ci-dessus sont justes puisqu'elles récompensent le bien et punissent le mal, puisqu'elles sont en rapport étroit avec la bonne et la mauvaise conduite, avec la bonne ou la mauvaise activité, avec le bien individuel et social.

Elles sont souvent injustes.

Malheureusement, il n'y a pas, dans l'existence, toujours corrélation entre le bien et le mal accompli et les sanctions correspondantes qui sont alors injustes.

Les sanctions de la nature n'ont, le plus souvent, aucun rapport avec l'action humaine : la nature récompense ou

frappe en aveugle. La foudre tue un laboureur au travail
ou incendie sa maison. La gelée détruit les récoltes. Un
cataclysme imprévu apporte la ruine et la désolation au
milieu d'une bourgade paisible. La mer engloutit dans un
accès de fureur un nombre considérable de marins et de
passagers.

Les sanctions individuelles, dans bien des cas, ne sont
pas, non plus, la juste récompense ou la juste punition du
bien ou du mal. Les sanctions intimes notamment s'émous-
sent par l'habitude. Le remords et la satisfaction morale
s'atténuent peu à peu avec le temps. « Le bonheur qui
nous vient de notre conscience est rarement en rapport
avec notre mérite et notre vertu. » Les sanctions individuelles sont encore bien plus variables d'un individu à
l'autre selon la sensibilité et la raison de chacun. « Il en
est même qui, tout naturellement, réagissent contrairement à toute idée morale et se réjouissent du mal qu'ils
font. »

Les sanctions morales naturelles ne réalisent pas toujours la justice non plus ; celles de l'opinion publique par
exemple, opinion faussée de mille manières par l'égoïsme,
l'envie, la haine, le mensonge, la calomnie ou l'erreur,
« sont trop souvent une récompense pour le vice et le
mal et une punition pour le bien et la vertu. »

Elles sont insuffisantes.

Toutes ces sanctions donc, qu'elles soient individuelles
ou sociales, sont variables à l'infini, et loin d'être toujours
d'accord avec le droit naturel et de réaliser la justice.
Elles sont, par suite, insuffisantes, d'autant plus qu'elles
ne sont pas morales à proprement parler puisqu'elles ne
sont pas voulues.

Les sanctions individuelles et sociales volontaires
sont nécessaires.

Les sanctions naturelles étant la plupart du temps injustes et insuffisantes, il est nécessaire de corriger cette
injustice et cette insuffisance par des sanctions volontaires.

Dans les sanctions volontaires, il ne saurait être question des sanctions de la nature ou de Dieu, mais des
sanctions individuelles et sociales. Car sans les nier et
bien que notre croyance nous porte à les accepter, nous
ne pouvons prouver d'une manière positive qu'un pouvoir
supérieur préside à leur distribution.

L'homme peut-il se récompenser et se punir lui-même ?

Est-il au pouvoir de l'homme de s'accorder à lui-même, de par sa propre volonté et en toute liberté, les récompenses ou de s'infliger les punitions qu'il mérite ? Si ce pouvoir existe, c'est assurément un pouvoir fort rare. En général, l'homme est impuissant à se récompenser autrement que par la satisfaction naturelle du devoir accompli; il est presque toujours impuissant à se punir volontairement On rencontre. bien quelques natures d'élite, comme un Franklin, un Charles XII, capables d'un effort de volonté suffisant pour se châtier elles-même d'une mauvaise action. Mais combien peu nombreux sont de pareils exemples, les exemples de ceux qui peuvent se rendre justice à eux-mêmes. Evidemment l'idéal moral serait que chacun put trouver en lui-même le moyen de sanctionner ses propres actes selon la justice et le droit, que chacun put trouver dans sa conscience un juste jugement de sa conduite et dans sa volonté le pouvoir d'exécuter la sentence prononcée librement, après mûre délibération. L'éducateur et les parents doivent travailler à rapprocher les enfants de ce point culminant de la culture morale qui est un point très rapproché de l'idéal terrestre où l'homme serait si parfait qu'il n'y aurait plus besoin de sanctions sociales appliquées à ses actes, sans espérer d'y atteindre bientôt. Dans la société actuelle, les sanctions individuelles volontaires, pas plus que les sanctions naturelles, ne sont à même de réaliser la justice morale. Il y a à cela une raison capitale, c'est que le bien individuel et le bien social étant naturels au même titre et inséparables l'un de l'autre, il est nécessaire que l'homme, à côté des sanctions individuelles, fasse intervenir les sanctions sociales volontaires.

L'homme a besoin de sanctions sociales volontaires ; il a besoin d'être récompensé ou puni par la société.

Nous désirons tous, plus ou moins, que nos bonnes actions soient connues des autres (1), car l'intime satisfaction morale ne nous paraît pas suffisante. Et ce désir est très légitime puisque l'individu vit en société et qu'aucune de ses actions n'est indifférente à la société. Mais si l'homme éprouve le besoin de faire connaître ses bonnes

---

(1) Ce qui ne veut pas dire qu'on aime à s'en vanter soi-même, mais qu'on aime à ce que les autres sachent qu'on est un homme de bien et de devoir.

actions, il éprouve plus vivement encore celui de cacher ses mauvaises actions et, par là, il reconnaît la légitimité des sanctions sociales. Et, en effet, les sanctions sociales sont nécessaires moralement et pratiquement indispensables. Elles sont légitimées par le dualisme humain, par la solidarité qui existe entre les membres du corps social. L'homme a le droit de connaître ses facultés, ses forces diverses, leurs qualités, leurs défauts, et le devoir de les utiliser au mieux de son avenir et de sa fin et de leur imposer, dans ce but, si elles s'écartent de la bonne voie, les contraintes nécessaires pour les y ramener ; il use ainsi de sa liberté normale. De même, la société a le droit de connaître les qualités et les défauts, les aptitudes diverses des individus qui la composent et le droit de les utiliser au mieux des intérêts communs ; elle a le devoir de libérer ou de contraindre les individus, de les récompenser ou de les punir pour amener chacun à l'accomplissement du bien social, mais sans jamais violer la liberté individuelle et le droit naturel.

Les sanctions sociales volontaires ne sont pas toujours justes.

Les sanctions volontaires ne sont pas toujours conformes à la justice, nous le savons ; nous savons qu'il y a des gens capables de faire volontairement du mal à une personne qui ne le mérite pas et de faire du bien à une personne vicieuse ou malhonnête ; nous savons que les sanctions pénales et civiles elles-mêmes n'atteignent pas toujours leur but par suite de l'injustice volontaire ou involontaire qui préside à leur distribution ; nous savons que les lois politiques, les règlements administratifs violent souvent le droit et la liberté par d'injustes sanctions. Ainsi, pour ne citer qu'un exemple banal, dans les administrations les punitions sont, en principe, infligées à tous ceux qui sont coupables d'une mauvaise action ou d'une infraction au règlement ; par contre, les récompenses sont attribuées d'après la règle du pourcentage. Or, le pourcentage est moralement injuste ; il ne permet pas de récompenser tous les mérites, mais quelques mérites seulement ; c'est cette injuste répartition des récompenses qui a poussé nombre de fonctionnaires à demander leur suppression. La loi morale et la justice idéale qui en est l'expression exigent, disent-ils avec raison, la récompense de tous les mérites ; elles exigent que la sanction soit proportionnelle à l'importance du bien et du mal qui résulte de chaque action. La justice humaine a été jusqu'ici impuissante à réaliser cet idéal.

Faut-il pour cela rejeter toutes les sanctions.

C'est pour cette raison que certains moralistes n'admettent pas, comme nous le disions plus haut, d'autres sanctions que les sanctions naturelles et rejettent les sanctions volontaires, du moins les récompenses sinon les punitions. Le bien est désintéressé, proclament-ils, et si on l'accomplit par intérêt, pour la récompense, il n'a plus aucune valeur morale.

Il ne faut se payer de mots, mais de faits et de réalités. Est-ce que la satisfaction morale procurée par la conscience individuelle n'est pas une récompense naturelle du bien, une récompense nullement voulue même lorsque l'acte accompli l'a été volontairement. La récompense sociale du bien est non moins naturelle puisque le bien est à la fois individuel et social. Nous trouvons tout naturel que l'homme cherche l'approbation de sa conscience. Il est tout aussi naturel qu'il éprouve du contentement devant l'approbation sociale que rencontre sa conduite. Nous comprenons fort bien que l'auteur d'une bonne action ne réclame pas de récompense à la société : il montre en agissant ainsi sa supériorité morale. Mais nous pensons également que la société doit jouer à son égard le même rôle que celui de la conscience individuelle et qu'elle doit lui apporter, d'elle-même, la récompense qu'il mérite et lui manifester sa satisfaction collective. C'est pour elle un devoir naturel.

La société peut au besoin se passer de récompense ; elle ne peut se passer de punitions.

La nécessité des punitions sociales apparaît d'ailleurs avec plus de force encore que la nécessité des récompenses. La société peut, au besoin, se passer de récompenses ; mais elle ne peut se passer de punitions. Toute mauvaise action étant la violation d'un droit naturel individuel ou social doit être punie, car c'est un devoir de résister à l'expansion des forces mauvaises et de favoriser les forces bienfaisantes. Le remords, punition naturelle de la conscience, a pour corollaire obligé les punitions individuelles volontaires et les punitions sociales naturelles et volontaires puisque la liberté normale, nous le répétons, est le pouvoir qu'a l'homme de résister au mal et de poursuivre l'acquisition de l'idéal terrestre.

La morale indépendante ne doit tenir compte que des sanctions volontaires et réfléchies.

De ce qui précède, il résulte que les sanctions naturelles ainsi que les sanctions volontaires, qu'elles soient individuelles ou sociales, sont tantôt d'accord, tantôt en désaccord avec la loi morale. Les unes et les autres, en effet, sont justes ou injustes ; les justes sanctions respectent le droit naturel et favorisent l'acquisition du bien individuel et social ; les sanctions injustes violent le droit naturel et favorisent le mal.

Les sanctions volontaires semblent ainsi calquées sur les sanctions naturelles. Il existe cependant entre elles (nous venons de le montrer) une différence considérable. Les unes sont le résultat de l'activité instinctive ou consciente de l'homme, alors que les autres sont le résultat de l'activité volontaire. Les sanctions naturelles sont aveugles, inévitables, souvent sans aucun rapport avec la conduite de l'homme ; elles sont sans valeur au point de vue de la morale pratique. Les sanctions volontaires réfléchies, délibérées, engagent seules la responsabilité humaine, ce sont les seules dont l'homme puisse s'attribuer le mérite. La morale peut étudier les premières pour éclairer son action ; mais elle ne peut tenir compte que des secondes

Les sanctions normales seules sont légitimes.

Parmi les sanctions volontaires, les unes sont légitimes, les autres sont illégitimes.

Les sanctions illégitimes sont celles qui récompensent le mal ou punissent le bien, celles qui ne sont pas en rapport avec le bien réalisé ou le mal accompli ; celles qui sont établies en violation de la liberté individuelle et sociale.

Les sanctions légitimes sont celles qui récompensent le bien et punissent le mal, celles qui sont exactement proportionnées au bien et au mal pratiques, celles qui ont pour unique but d'aider à la réalisation de l'idéal terrestre. Or, nous avons vu que le bien maximum ne peut être réalisé que dans la liberté normale. Donc, les seules sanctions véritablement légitimes sont celles qui sont en rapport parfait avec l'exercice de la liberté normale : nous les appelons les sanctions normales.

IV

Nature des sanctions normales.

Il s'agit maintenant de fixer la nature exacte des sanctions normales, de montrer quelles sont celles que l'école et la société peuvent imposer l'une à l'enfant, l'autre à l'homme, celles que l'individu peut s'imposer à lui-même. Ces sanctions, de toute évidence, doivent être corrélatives de la loi morale que nous avons établie. Elles doivent être conformes à la conception positive du bien, conformes à la méthode alternative. Elles ne doivent, en aucun cas, violer la neutralité religieuse et philosophique. Pour satisfaire à cette exigence pratique, elles doivent, en premier lieu, être terrestres ; en second lieu, elles doivent être classées en prenant pour base les trois degrés du bien et du devoir dont elles suivent toutes les variations positives.

* ★
★ ★ *

Les sanctions normales seront strictement terrestres et immédiates ; les philosophies, les métaphysiques, les religions peuvent les accepter ; sans nier les sanctions extraterrestres, sans nier la croyance des âmes libres en une sanction suprême dictée par Dieu, en admettant même la possibilité de sanctions futures, la morale indépendante se cantonne dans la vie positive et s'interdit toute incursion dans le domaine du divin et du mystérieux. Les sanctions terrestres ne s'opposent pas plus aux sanctions divines que l'idéal terrestre et le bien maximum ne s'opposent à l'idéal divin ou métaphysique ou au bien absolu. La croyance à la réalité et à la légitimité des sanctions divines n'empêche nullement d'admettre la légitimité des sanctions terrestres. Les unes et les autres sont d'accord avec la loi morale et ont un but commun : garantir le règne du bien, assurer les trois étapes obligées de la perfection : justice, solidarité, bonté.

Dieu, lui-même, admet la morale humaine puisque les actions des hommes conduisent au paradis, au purgatoire ou en enfer... S'il admet la morale humaine, il en admet les sanctions en se réservant de réparer les erreurs et les injustices terrestres. La morale indépendante appartient donc à Dieu comme aux hommes et des sanctions terrestres équitables ne peuvent qu'être approuvées par Lui et lui être agréables. Elles doivent, à plus forte raison, être approuvées par ses ministres sur terre.

Il ne faut pas que la croyance à une justice future fasse oublier la justice terrestre comme le désirent ceux qui ayant le bonheur ici-bas prêchent la soumission et la résignation aux humbles et aux déshérités. La raison ne peut admettre ni Dieu ne peut vouloir que la justice existe dans l'autre monde et n'existe pas dans celui-ci. Comment ? On admettrait le règne de la justice dans les stades passé et futur de la vie de l'être et on ne l'admettrait pas dans le stade terrestre, le seul dont nous ne pouvons nier la réalité ? Ce serait absurde et contraire à toute morale, à toute idée du devoir et du bien, à toutes les aspirations de l'humanité en marche vers le progrès positif et moral, vers la justice et la bonté, vers la perfection relative de l'homme. Ce serait contraire à toute croyance en un Dieu juste et bon.

Y a-t-il un paradis ? un purgatoire ? un enfer ? Les uns le croient : ceux-là iront au paradis s'ils agissent ici-bas conformément à la loi morale ; s'ils font le mal, ils iront au purgatoire ou en enfer. Les autres n'y croient pas : ceux-ci se contenteront des sanctions terrestres tout en faisant complètement leur devoir. Cette manière de comprendre le devoir et les sanctions n'offense pas plus Dieu que les chrétiens ou les libres-penseurs, pas plus les déistes que les matérialistes ou les athées.

Les récompenses et les punitions sont positives ou nominales, effectives ou honorifiques, matérielles ou morales. Elles sont limitées dans leur maximum par le respect des droits naturels.

Il reste à préciser la nature des sanctions terrestres en examinant si elles doivent être positives ou nominales, effectives ou honorifiques, matérielles ou purement intellectuelles et morales et en distinguant soigneusement entre les récompenses et les punitions.

Nous avons vu que l'homme reçoit une double récompense naturelle : la satisfaction de sa conscience et l'approbation de la conscience sociale. Ces deux récompenses étant purement morales, il apparaît en outre que, par analogie, les récompenses volontaires doivent être également morales et non pas matérielles, positives. — Il est certain que l'on peut soutenir et prouver que la récompense matérielle, pécuniaire ou autre diminue, dans certains cas, la valeur de l'action bienfaisante alors que la récompense morale (félicitations, approbations, mentions, décorations, distinctions diverses) n'empêche pas le désintéressement et ne diminue pas la valeur de cette action

quoique puisse en dire La Rochefoucauld. — Cependant,
il est certains autres cas où la récompense pécuniaire,
matérielle ne diminue en rien la valeur de l'acte moral ;
c'est lorsque celui qui accomplit cet acte ne l'accomplit
pas dans le but d'être récompensé ; c'est lorsqu'il se
trouve, par suite de l'accomplissement du devoir, dans
l'impossibilité de subsister par lui-même, lorsque sa valeur individuelle et sociale en est diminuée : la pension
accordée aux soldats mutilés ou malades, aux héros du
patriotisme ne diminue en rien leur héroïsme ; les prix
de vertu accordés aux dévouements obscurs ne diminuent
pas ces dévouements ; les sommes versées par l'Etat, par
les particuliers, par des sociétés aux bienfaiteurs de l'humanité, aux inventeurs et aux savants ne fait que permettre à ceux-ci de faire davantage de bien ; elles favorisent l'expansion des êtres bons, ce qui est infiniment
désirable. Les récompenses seront donc tantôt honorifiques, tantôt positives selon l'importance du bien réalisé
par chacun.

Les punitions seront également positives ou nominales
selon la nature de la faute commise. Elles seront d'autant
plus sévères que le mal fait sera plus grand. En principe,
le plus grand mal est le mal fait directement à la personne (privation de la vie, d'un membre, d'un organe,
blessures, coups, perte ou amoindrissement de la santé,
etc.) ; le moindre mal est celui fait aux biens extérieurs
de l'homme ou aux moyens de réaliser son bonheur (vol,
destruction, préjudice causé aux meubles, immeubles, récoltes, fortune, etc.) (1).

Les peines seront donc plus graves dans le premier cas
que dans le second. Dans les deux cas elles pourront être
administratives (blâme, censure), pécuniaires (amende,
dommages-intérêts), infamantes (bannissement, dégrada-
tion, interdiction de séjour), criminelles, correctionnelles,
civiles ou afflictives (travaux forcés, réclusion, détention).

Le droit de punir de la société peut-il aller jusqu'à donner la mort ?

Mais ici une question se pose ? La limite extrême du
droit de punir doit-elle, dans le premier cas, aller jusqu'à

---

(1) Nous avons supprimé un chapitre supplémentaire sur le bien,
lequel chapitre expliquait ce passage. Nous y montrions en détail :
1° que le bien individuel et social maximum, le vrai bien moral
ne réside pas en dehors de l'individu, qu'il réside en lui, que c'est
lui considéré dans ses facultés, forces, pouvoirs, vertus qui est son
propre bien, son bien intime, son bien vital ; 2° que ce que les
moralistes appellent biens extérieurs (nourriture, propriété, habitation,
luxe, richesse) ne sont pas le bien, mais des moyens donnés à l'homme

la peine de mort ? La violation d'un droit entraîne-t-elle pour le coupable la privation de ce droit ? si le coupable a donné la mort doit-on le priver de la vie en lui appliquant la loi du talion ? Question difficile à résoudre à laquelle pourtant la morale indépendante apporte une réponse claire et qui paraît satisfaisante en fait comme en droit, une solution nouvelle qu sauvegarde tous les droits.

En tuant son semblable l'homme accomplit le mal total, irrémédiable, irréparable. En le privant du droit de vivre, il reconnaît en fait qu'il peut être lui-même privé de ce droit. Il se met hors la loi humaine et le droit ; il se raye volontairement de la société. Sa vie ne lui appartient plus. Il se condamne à mort lui-même.

En confirmant cette sentence naturelle par un jugement légal, la justice sociale use d'un droit non moins naturel. La société a pour devoir, en effet, de prendre en main la cause de la victime et de punir l'assassin. Elle se trouve en état de légitime défense vis-à-vis du criminel tout comme la victime s'y trouvait au moment de l'attentat. Or, puisqu'on reconnaît à l'agressé le droit de se défendre contre son agresseur, même en donnant la mort, il est naturel, il est juste, il est moral de reconnaître ce même droit à la société puisque celle-ci ne se sépare pas de ses membres.

La peine de mort semble donc légitimée en droit naturel envers celui qui a donné la mort, mais seulement dans ce cas. Dans aucun autre cas, elle n'est légitime. En est-il de même en droit social ? Nous répondons : théoriquement, oui ; pratiquement, non. La mort est une sanction extrême qui ne répare en rien le mal causé. Vis-à-vis de la victime aucune réparation n'est possible, et si la victime et son assassin étaient seuls en cause, la question serait légitimement tranchée par la peine de mort. Mais il y a en outre la famille de la victime, il y a la société ; à celles-ci le criminel doit réparation ; or, pour cela, il faut qu'il vive. Comment sortir de ce dilemme : donner la mort pour satisfaire à la justice naturelle ou laisser vivre pour satisfaire à la justice pratique ?

Compromis de la peine de mort : Le condamné a le droit d'opter pour la mort ou pour la réparation sociale.

On ne peut en sortir que par un compromis. La morale vitale propose le suivant. « La société condamne à mort

---

pour atteindre au bien personnel et que nul ne devrait être privé de ces moyens de parvenir à la vertu et au bonheur.

tous ceux qui méritent ce châtiment d'après le droit naturel. Mais cette société, bonne, sans passion, sans esprit de vengeance même vis-à-vis des méchants, accorde à tous les condamnés à mort, sans exception, un droit de grâce légal et un moyen de réparation relative. Elle permet à tous de choisir eux-mêmes entre la mort et la vie. Si le condamné opte pour la mort, il est exécuté et la société n'a rien à se reprocher. Si le condamné opte pour la vie, il accepte toutes les conditions de réparation qui lui seront justement imposées (travaux d'utilité générale, travaux malsains, dangereux, etc.). Toute sa vie, il travaillera pour la famille de sa victime et le bien-être commun. La société donc, tout en conservant un concours utile, donne au coupable le moyen de se repentir et peut-être de se régénérer. Ce compromis est, de plus, la suprême sauvegarde du condamné innocent dont on n'aura plus jamais à regretter la mort. Tout condamné qui commettrait un nouvel assassinat sur la personne d'un de ses co-détenus ou d'un de ses gardiens ou de toute autre personne serait, hors le cas d'irresponsabilité bien entendu, exécuté sans pitié. Un condamné qui ne tiendrait pas sa parole, refuserait de travailler pour réparer sa faute, serait exécuté après un certain temps (un an, deux ans...) et après deux ou trois sommations faites dans des formes légales.

<h2 style="text-align:center">V</h2>

Première classification des sanctions normales d'après la méthode des trois degrés.

Le meilleur moyen, le plus simple, pour mettre en rapport les sanctions terrestres normales, les seules dont nous ayons à nous occuper, avec la faute commise ou le bien accompli, est de procéder à leur classification en prenant pour base les trois degrés du devoir. Nous les mettrons ainsi d'accord avec les principes d'autorité définitive, d'autorité provisoire et de liberté et nous pourrons leur faire subir les variations pratiques nécessaires.

La nature du bien ou du devoir doit déterminer la nature des sanctions ainsi que leur importance. Puisque nous avons distingué trois degrés dans le bien et dans le devoir, nous distinguerons aussi trois degrés dans les sanctions normales :

1° *Les sanctions normales du premier degré attachées à l'accomplissement ou à la violation des devoirs de justice ;*

2° *Les sanctions normales du deuxième degré attachées à l'accomplissement ou à la violation des devoirs de solidarité ;*

3° *Les sanctions normales du troisième degré attachées à l'accomplissement ou à la violation des devoirs du troisième degré ou devoir d'amour humain et divin.*

Avantages de cette classification.

Cette classification a le grand avantage de montrer la valeur propre des diverses sanctions et d'indiquer logiquement et irréfutablement quelles sont celles qui relèvent des principes d'autorité définitive, provisoire et de liberté.

Il faut, pour plus de précision, distinguer entre les récompenses et les punitions.

Mais pour préciser ces deux points, il est indispensable de distinguer dans chaque degré entre les sanctions récompenses et les sanctions punitions. Au point de vue humain et terrestre, dans chaque catégorie de devoirs. *les récompenses et les punitions doivent avoir une importance inverse les unes des autres.* Dans l'ordre naturel. la récompense doit être d'autant plus grande que le devoir est plus élevé, la punition d'autant plus sévère que le devoir est plus strict et plus nécessaire : l'une et l'autre ne doivent jamais violer la loi morale et manquer au respect des droits naturels des individus

Ce que doivent être les récompenses.

L'accomplissement des devoirs du premier degré, de conservation individuelle et sociale ne doivent comporter aucune récompense, car il serait immoral de récompenser le simple respect des droits naturels qui se résument tous dans le droit à la vie. L'accomplissement des devoirs d'entr'aide et de solidarité, ou devoirs du 2° degré, devraient être récompensés ou tout au moins reconnus parce que, pour venir en aide aux autres, il faut toujours faire un effort méritoire et sacrifier. dans une mesure plus ou moins grande, son égoïsme. Dans l'accomplissement des devoirs du troisième degré, il y a une distinction à faire. Tous ceux qui ont pour unique source la sympathie, l'amour des hommes et de la divinité sans autre préoccupation morale que cet amour et cette sympathie ont leur récompense en eux-mêmes et ne sauraient être récompensés par la société. Mais tous les autres (et nous laissons de côté le devoir divin pour n'envisager que le devoir humain), tous ceux qui sont poussés jusqu'à l'abnégation de soi, jusqu'au renoncement partiel ou total, tous les devoirs supérieurs (dévouement, sacrifice, mort pour la patrie, bonté agissante) devraient être l'objet des plus hautes distinctions. On dira qu'on ne peut récompenser un mort. Nous répondrons que la récompense posthume est la plus belle qui soit ; l'honneur à la mémoire d'un homme est une récompense enviable entre toutes, car elle rejaillit en bien sur sa famille et sur la société entière.

Ce que doivent être les punitions.

Logiquement, *les punitions doivent suivre la progression inverse.* La violation des devoirs du troisième degré ne doit entraîner aucune punition, car nous sommes dans le domaine de la liberté individuelle, de la conscience. La violation des devoirs du deuxième degré ne doit être punie qu'avec discrétion, dans des cas bien déterminés et seulement lorsque la solidarité est en opposition flagrante avec les devoirs de justice. La violation des devoirs de justice ou du premier degré doit être réprimée sans pitié, car elle est la base solide, la garantie des droits naturels imprescriptibles qu'ils soient individuels ou sociaux.

Deuxième classification des sanctions ; leur concordance avec les principes d'autorité et de liberté.

Il résulte de l'exposé ci-dessus et par voie de conséquence que :

Les punitions du premier degré relèvent de l'autorité définitive ;

Les punitions du deuxième degré, de l'autorité provisoire ;

Les punitions du troisième degré, de la liberté et de la neutralité.

Il en résulte que :

Les récompenses du premier degré relèvent de la liberté et de la neutralité ;

Les récompenses du deuxième degré, de l'autorité provisoire ;

Les récompenses du troisième degré, de l'autorité définitive.

Troisième classification des sanctions ou classification générale synthétique.

Nous sommes maintenant à même de dresser une classification synthétique, logique, positive et morale des sanctions.

A. Le premier degré du bien non-neutre réel, du devoir négatif de justice, de l'autorité impersonnelle définitive conduit aux sanctions normales du premier degré :

a) *Les* punitions *du premier degré seront sévères et presque uniquement positives, criminelles, civiles, afflictives, infamantes ou pécuniaires ;*

b) *Il n'y a pas de* récompense *du premier degré.*

B. Le deuxième degré du bien non-neutre conventionnel, du devoir positif de solidarité, de l'autorité impersonnelle provisoire conduit aux sanctions normales du deuxième degré :

a) *Les punitions du deuxième degré seront moins sévères, elles seront plus rarement correctionnelles, afflictives ou infamantes, plus souvent civiles, administratives et morales.*

b) *Les récompenses du deuxième degré seront quelquefois matérielles et pécuniaires, le plus souvent honorifiques.*

C. Le troisième degré du bien neutre, du devoir supérieur de dévouement et de sacrifice, de la liberté et de la neutralité conduit aux sanctions normales du troisième degré :

a) *Il n'y a pas de punitions du troisième degré ;*

b) *Les récompenses du troisième degré doivent être les plus hautes qui soient matériellement et honorifiquement, car on ne récompensera jamais trop ceux qui sacrifient leur bien personnel au profit du bien social général.*

Mais dans aucun cas, nous le répétons, la récompense ou la punition ne doit dépasser, dans son maximum, une limite fixe qui est le respect de la justice en soi et dans les autres.

On ne peut montrer plus clairement que les sanctions sont conformes au droit naturel, au devoir, au bien maximum, à l'idéal positif, à la liberté normale et qu'elles sont légitimes.

Cette classification s'applique à l'individu et à la société.

Cette classification des sanctions s'applique à l'individu et à la société. L'individu y trouvera une direction
pour se punir et se récompenser lui-même. La société y
trouvera une règle générale et des règles pratiques pour
punir ou récompenser ses membres. Mais si l'individu
peut se dispenser d'inscrire dans un code personnel, à la
manière de Franklin, les sanctions individuelles auxquelles il decidera de se soumettre en usant de son autorité personnelle, la société et l'école doivent, au contraire, se soumettre totalement à l'autorité impersonnelle
et n'user, par conséquent, d'aucune sanction qui ne soit
inscrite dans la loi et le règlement. La société doit supprimer l'autorité personnelle en matière administrative
et scolaire ; elle doit s'interdire de punir la violation des
devoirs du troisieme degré sans pour cela cesser de faire
respecter ceux qui les accomplissent.

Comment il faut interpréter le respect des opinions et des croyances.

Dans le respect des opinions, ce n'est pas le respect
des opinions en elles-mêmes que l'on envisage, car on
s'interdirait par cela même toute discussion, persuasion,
controverse à ce sujet, mais le respect absolu de ceux qui
pensent.

Dans le respect des croyances, il faut distinguer entre
les croyances qui ont pour objet des choses démontrables
et celles qui ont pour objet des choses indémontrables.
Les premières peuvent se discuter comme les opinions.
Les secondes ne peuvent être discutées ; mais là se borne
le respect qu'on leur doit ; car on peut, en effet, leur opposer une croyance différente, et même accorder aux idéalistes le droit de nier le matérialisme et aux matérialistes
le droit de rejeter l'idéalisme ; mais on interdit aux premiers comme aux seconds de manquer au respect qu'ils
se doivent mutuellement. De cette façon, le domaine de
la conscience demeure inviolable et la liberté de croyance
et de discussion sacrée...

La morale vitale demande donc le respect du fait de
croire, du fait moral en lui-même ; mais admet la controverse courtoise sur l'objet de la croyance.

La démonstration précédente conduit aux principes généraux suivants.

La démonstration que nous venons de faire, malgré ses nombreuses lacunes, prouve la légitimité des sanctions de la morale indépendante, leur corrélation parfaite avec l'idéal terrestre, la loi morale et les devoirs pratiques ; elle conduit à l'énoncé des principes suivants, principes conformes à la réalité des choses.

Les sanctions de la morale indépendante doivent être uniquement terrestres et en rapport avec la responsabilité de chacun.

Les seules sanctions terrestres légitimes sont les sanctions normales. Ces sanctions, inspirées des sanctions naturelles en ce que celles-ci ont de bien, doivent être volonta'res, être en rapport étroit avec les trois degrés du devoir et avoir pour unique but la préservation ou l'acquisition du bien maximum, l'accession à l'idéal terrestre.

Dans l'ordre naturel des devoirs et du bien, les récompenses doivent suivre une progression ascendante et les punitions une progression descendante sans dépasser les limites du droit individuel et social.

Les sanctions doivent être distribuées conformément aux trois principes directeurs de notre conduite : d'autorité définitive, d'autorité provisoire, de neutralité et de liberté normale, selon le degré du devoir accompli et l'importance de la faute commise.

Les récompenses doivent être attribuées au seul mérite, mais à tous les mérites et les punitions infligées à tous les démérités.

L'individu doit s'efforcer de s'imposer à lui-même des sanctions volontaires capables de l'arrêter sur la pente du mal et de le déterminer au bien.

L'école et la société doivent connaître et enseigner les sanctions individuelles, attirer l'attention de l'enfant et de l'homme sur les conséquences de tous leurs actes ; mais là doit se borner leur action tant que ces actes ne violent pas un droit social. Ce principe est la garantie de la liberté individuelle et des droits naturels de l'homme.

Tels sont, d'après la méthode alternative et la morale indépendante ou vitale, les principes généraux essentiels qui doivent présider, dans la société et dans l'école, à l'attribution des punitions et dont nous montrerons l'application à chaque cas particulier dans la morale pratique.

CHAPITRE IX

I

Résumé de la morale vitale ; ses avantages divers.

La morale indépendante est indispensable à l'application de la méthode alternative à laquelle elle s'adapte étroitement. Méthode et morale font un tout positif, rationnel, logique et scientifique qui réalise véritablement la formule de l'harmonie sociale dans la liberté, la formule de l'école d'union nationale.

La morale indépendante n'est ni religieuse (puisqu'elle n'impose aucun devoir envers Dieu), ni areligieuse (puisqu'elle peut faire connaître les religions), ni athée, ni matérialiste, ni spiritualiste, ni rationaliste. Elle s'interdit toutes les bases non positives et toutes les bases positives trop étroites. Elle est la vraie morale humaine qui ne combat aucune théorie sauf en ce qui est matériellement faux.

Elle plane au-dessus de toutes les morales particulières par sa conception du devoir tout en restant très près de l'homme par sa base ; elle est à la portée de toutes les intelligences et de tous les cœurs.

Les morales métaphysiques ne peuvent ni assurer le bonheur de l'homme, ni réaliser l'union parce qu'elles prennent leur base en dehors de l'humanité et du monde sensible. Les morales religieuses, impuissantes à donner à tous la foi, préparent le bonheur futur, laissent entrevoir la félicité ou la damnation éternelles ; elles ne s'entendent pas sur la nature et les attributs de Dieu ; elles ont échoué d'ailleurs en partie dans leurs efforts pour assurer la justice en ce monde. Les morales philosophiques à base physique ne paraissent pas suffisantes non plus. Les morales positives ou scientifiques ont approché de la solution en prenant pour base la nature et l'être, les faits empiriques, la solidarité, l'anthropologie, mais sont impuissantes encore à faire le bonheur humain parce que la science ne dévoilera jamais tout : l'inconnaissable subsistera toujours, car aurait-on découvert la nature de Dieu que la raison resterait malgré tout insatisfaite ; la finalité à laquelle peut prétendre notre esprit est toute relative et en rapport avec le petit nombre d'investigations permises à nos sens. La morale laïque a été, au milieu de cette diversité de doctrines, une noble tentative de conciliation ; elle ne supprime pas le sentiment religieux ; la religion complète l'œuvre laïque et celle-ci ne détruit pas l'œuvre de la religion quoi qu'on en ait dit.

La morale indépendante se contente de commencer avec la vie et de finir avec elle ; son domaine embrasse la durée de l'existence de l'homme et de la société ; elle n'a pas d'autre ambition que d'être l'étape du milieu des trois étapes de la durée, passé, présent, futur ; sans nier les autres, elle n'envisage que les sanctions terrestres immédiates et tend à l'organisation du bonheur ici-bas ; elle donne aux individus une personnalité forte, un idéal positif d'action leur permettant d'orienter leur conduite vers le bien maximum positif en même temps que vers l'un quelconque des autres *idéals intimes* dont l'idéal terrestre est la condition, la base nécessaires ; elle laisse à chacun le soin de s'occuper de l'au-delà, de spéculer à sa manière sur la naissance du monde et sur sa fin.

Elle apporte à la morale laïque ce qui lui manque, une base non-neutre, la vie, le bien vital individuel et social, qui fournit une loi morale universelle, un critérium pratique, sûr du devoir et une juste solution des conflits entre les devoirs pratiques.

Elle permet une classification claire des devoirs et des sanctions en trois degrés et rend commode l'application des principes d'autorité impersonnelle définitive, d'autorité impersonnelle provisoire et de liberté ; elle facilite l'enseignement moral, rend aisée la tâche du maître et la compréhension des élèves. Du droit à la vie, elle tire le respect de la vie ou la justice (premier degré) ; du respect de la vie, elle fait dériver la solidarité (deuxième degré) ; de la solidarité, elle remonte à l'amour, à la bonté, au désintéressement, au beau, au bien, au vrai et s'arrête devant l'infini et le surnaturel qu'elle ne cherche pas plus à détruire qu'à remplacer (troisième degré).

Dans sa recherche pratique des devoirs, elle fait appel à tous les facteurs du progrès, à la science, à l'expérience à la sociologie, à la raison ; elle prend son bien où elle le trouve, chez les savants, dans les morales, dans les traditions, en un mot partout où il y a une parcelle plus ou moins grande de la vérité éternelle.

Elle montre que le progrès dans le bien ne peut s'arrêter, ne doit pas s'arrêter, qu'il faut le provoquer, l'aider, l'obliger à se manifester par tous les moyens permis, par des moyens positifs et par conséquent efficaces, par l'action régularisée.

Elle rend possible la réalisation continue du bien par sa conception nouvelle de la liberté normale qui est le pouvoir et le droit qu'a tout homme de résister à l'oppression et à la compression de ses forces vitales et de surmonter les obstacles qui s'opposent à son expansion légitime ; la liberté normale favorise l'ascension régulière des humains vers le commun idéal terrestre en même temps que vers leur idéal intime particulier, leur idéal de foi en une perfection supra-terrestre ou non.

II

La morale indépendante garantit l'équilibre individuel et social.

Lorsque dans un individu une force prend trop d'extension, devient passion, elle accapare l'énergie vitale à son profit et c'est pour l'individu une suite de malheurs.

Lorsque dans une nation une classe ou un organisme social devient trop puissant, son action dégénère en passion collective et vise à la compression et à l'étouffement des autres classes ou des autres organismes. Ceux-ci s'unissent pour défendre leur expansion naturelle et la lutte est d'autant plus violente que la compression a été plus grande : c'est la révolte, la révolution. Et si les forces victorieuses ne sont pas disciplinées, en équilibre, c'est l'anarchie ou un simple renversement d'oppression. C'est le bâillon pour le vaincu, car rarement l'équilibre sort d'une crise violente : l'histoire des peuples en fournit des preuves évidentes.

Lorsque dans une partie du monde, une nation acquiert trop de puissance, elle est tentée d'user de sa force pour son profit propre. Elle devient alors une menace pour les autres nations et il en résulte pour l'humanité entière une série de guerres et de calamités.

La morale indépendante évite ces crises violentes par un juste dosage, un dosage naturel de l'autorité et de la liberté (un dosage positif exempt des imperfections des dosages basés sur des systèmes abstraits), par une classification rigoureuse des droits qu'il est défendu de violer et des devoirs qu'on est tenu d'accomplir.

III

L'ÉQUILIBRE DES FORCES EST LA CONDITION NÉCESSAIRE DE L'HARMONIE INDIVIDUELLE ET SOCIALE. L'harmonie réside dans l'association des for-

ces individuelles en vue de la fin de l'être et dans l'association des forces sociales en vue de l'avenir commun.

Mais l'harmonie n'est pas l'uniformité. Elle est le contraire. L'harmonie des couleurs ne supprime aucune de
celles-ci ; elle conserve leurs nuances et leurs différences ;
elle se contente de les associer pour produire l'effet le
plus agréable. L'harmonie musicale n'est qu'un concert
de sons divers. Chaque instrument, chaque voix fait sa
partie selon ses qualités particulières ; on ne demande à
tout instrument, pour ne pas nuire à l'ensemble, qu'un
minimum de contrainte, c'est de se soumettre à l'accord,
au rythme et à la mesure. Dans l'harmonie individuelle
chaque faculté a son rôle à jouer : on ne lui demande
d'autre contrainte que de se soumettre au rythme vital
et à la mesure qui est dans la raison, dans la nature
et dans Dieu. Dans l'harmonie sociale, chaque individu
agit selon ses tendances et ses forces, chaque organisme
selon sa fonction ; on ne leur demande que de se soumettre au rythme et à la mesure qui sont l'autorité impersonnelle de la loi établissant l'équilibre social. L'harmonie réclame pour toutes les forces individuelles et
sociales le droit à la vie dans la discipline morale.

IV

Le dualisme humain légitime la lutte pour le bien et condamne la lutte égoïste pour la vie.

Mais cet équilibre et cette harmonie peuvent-ils devenir
une réalité pratique dans les circonstances ordinaires de
la vie ? Il semble bien que le dualisme vital y soit opposé.

Le dualisme qui existe entre les forces individuelles,
entre les individus, entre les organismes sociaux, entre
les peuples, continuera à se manifester dans le futur
comme il s'est manifesté dans le passé et comme il se
manifeste dans le présent.

Rêver d'une société uniformisée pour toujours parce
qu'elle aura été en équilibre à un moment donné, c'est
rêver l'irréalisable, car, toujours, il y aura des forces
qui rompront cet équilibre en raison de leur propre expansion naturelle.

La lutte entre les idées, entre les forces sociales, nous
l'avons démontré, est naturelle. Demain comme aujour-
d'hui, les forces se développeront, s'opposeront et cher-
cheront à se dominer les unes les autres tout naturellement. Et cette lutte est un bien, cette lutte est nécessaire.
Le choc des idées, des croyances est inhérent à la vie ;

c'est la vie même de l'homme dans ses instincts, ses tendances et sa raison ; elle est la condition du devenir humain.

Le dualisme est compatible avec l'état de paix ; Il n'est pas l'état de guerre.

Dans ces conditions, il faut donc maintenir l'état de guerre et détruire l'état de paix ; il faut proclamer le droit à la lutte pour la vie.

Ce n'est pas ainsi qu'il faut poser la question. Pour élucider ce point, il convient de distinguer entre la lutte légitime et la lutte illégitime en nous basant sur la distinction que nous avons faite du bien et du mal, sur notre loi morale et sur notre critérium du devoir.

Pour être légitime, la lutte individuelle et sociale ne doit jamais dépasser certaines limites qui sont les limites du bien moral, de l'idéal terrestre. La lutte est illégitime quand elle est dirigée vers le mal, quand elle viole le droit naturel des citoyens et des nations : ainsi les guerres offensives, les guerres dynastiques, les guerres de races entreprises pour la domination, les guerres civiles sont illégitimes. Cette lutte dans le mal, cette lutte des passions égoïstes doit être proscrite par la morale.

Dans la lutte légitime, il faut qu'aucune des forces ne sommeille, que toutes soient vigilantes, sur le qui-vive pour garder entre elles un équilibre vivant et non pas un équilibre inerte. Pour arriver à cet équilibre, ou pour s'y maintenir, il faut, évidemment, que sans cesse certaines forces soient contenues dans leur expansion et d'autres excitées. Mais l'Etat doit maintenir cette lutte entre les citoyens et entre les classes sociales dans les limites du droit naturel. Ainsi comprise la lutte pour le bien, pour la justice et la bonté, pour la loi et le devoir est noble et justifiée en fait comme en droit ; elle est nécessaire pour que l'homme puisse réaliser sa fin ; elle légitime les guerres défensives.

Mais il y a loin de cette lutte-là à ce qu'on est convenu d'appeler la lutte pour la vie, lutte qui va jusqu'à violer le droit de vivre chez les autres.

La lutte préconisée par la morale indépendante est bien aussi la lutte pour la vie, mais pour la vie morale complète, pour la vie dans le bien, c'est la lutte pour la vie normale, lutte légitime, possible seulement dans la liberté normale, qui pousse à la compression des forces mauvaises et à l'expansion des forces bienfaisantes.

V

Le dualisme légitime la liberté.

Le dualisme universel qui légitime la lutte pour la vie morale légitime donc, du même coup, la liberté ainsi que nous l'avons déjà dit. Sans la liberté normale (qui n'est pas la liberté de tout faire), en effet, il n'y a ni équilibre normal, ni harmonie puisqu'il faut lutter pour arriver à cet équilibre et à cette harmonie. La liberté normale est synonyme de lutte pour le bien individuel et social dans la discipline volontaire et dans le respect de l'autorité impersonnelle définitive et provisoire. En fin de compte, dans la morale indépendante, la liberté garantit l'équilibre, l'harmonie et se trouve d'accord avec le dualisme humain.

L'état de liberté est donc bien l'état désirable pour l'individu, pour la société, pour les peuples et les nations. La déclaration des droits de l'homme consacre cette vérité lorsqu'elle affirme que la liberté est le premier des droits.

VI

La paix et l'union sont réalisables dans la société.

S'il en est ainsi, la paix et l'union sont impossibles à réaliser dans la société. Telles qu'on les comprend ordinairement, oui. Telles que les interprète la morale vitale, non.

La paix (absence de trouble, de désordre, de guerre) peut être réalisée de bien des manières selon qu'on l'envisage dans un état despotique, constitutionnel ou dans une république. Elle peut exister en l'absence de toute liberté, dans l'esclavage, dans la suppression des garanties des droits naturels. La paix pourrait même régner dans un état anarchique.

Il est évident que la morale indépendante rejette cette paix comme étant immorale. Pour elle, la seule paix légitime est celle qui admet comme inséparables les principes d'équilibre normal, d'harmonie, de dualisme et de liberté qui sont la garantie certaine des rapports de justice entre les tendances et les forces, les individus et les groupes comme entre les nations.

La paix désirable ne doit pas exiger le sacrifice des forces et leur destruction ; elle doit simplement discipliner l'autonomie des citoyens, des organismes et des partis dans leurs rapports sociaux.

**
* *

L'UNION PEUT-ELLE EXISTER DANS LA LIBERTE ?

Avec la morale indépendante, il n'y a pas de doute à cet égard.

L'union n'est pas la sujétion, l'asservissement de certaines forces à des forces plus grandes ; c'est l'adhésion volontaire, raisonnée au respect du droit des autres, au respect de la vie complète.

Les tendances diverses n'empêchent pas l'union puisqu'elles se manifestent librement dans l'équilibre normal, l'harmonie, la liberté et la paix. Toutes les tendances se retrouvent bien dans l'individu qui n'en fait pas moins un tout indivisible qui est un homme. Toutes les opinions peuvent se rencontrer dans une société qui n'en forme pas moins un tout qui est une nation.

Pour faire l'union, il n'est pas nécessaire d'être d'accord sur tout et en tout. Il suffit d'être d'accord sur des points communs. La morale indépendante découvre ces points communs d'accord.

Cet accord doit porter sur le non-neutre réel, sur les droits naturels de conservation, de développement et de perfectionnement, sur les devoirs de justice ou du premier degré, sur les lois et l'autorité impersonnelle définitive qui en sont la garantie.

La lutte doit porter sur le non-neutre conventionnel, sur les conditions des devoirs pratiques du deuxième degré dont l'autorité impersonnelle provisoire est la conséquence ; elle doit porter aussi, non pas sur le neutre, sur les devoirs du troisième degré, mais sur la meilleure manière d'obtenir le respect absolu de ceux qui pratiquent ces derniers devoirs.

VII

La morale de la vie fait de la liberté le plus important des droits de l'homme et du respect qu'on lui doit le plus sublime des devoirs.

Au point de vue individuel et social, au point de vue scolaire, la morale indépendante est bien la morale universelle, éternelle, immuable dans ses devoirs généraux et variable dans ses devoirs particuliers. Elle répond à toutes les exigences. Elle rejette aussi bien le despotisme, l'anarchie, la révolte que la passivité et la résignation.

Elle commande le travail, la résistance à l'oppression ; elle permet de réaliser l'équilibre, l'harmonie, la paix, l'union. Mais son équilibre n'est pas l'immobilité ; son harmonie, l'uniformité ; sa paix, l'abnégation de soi ou le sacrifice des autres au profit de quelques-uns ; son union n'est pas la dépendance des âmes et des cœurs, l'abandon de la personnalité au profit d'un dogme ou d'un individu.

Elle montre que la liberté est la vérité suprême et le suprême bonheur des hommes et des peuples puisqu'elle est d'accord avec le progrès politique, économique, social et moral, puisqu'elle est la garantie du bien, du droit imprescriptible, du droit à la vie complète, puisqu'elle conduit au respect définitif des personnes et des collectivités.

C'est en quoi la morale indépendante dépasse les morales religieuses, métaphysiques, physiques et les élargit. C'est en quoi elle leur est supérieure. La morale vitale étroitement liée à la méthode alternative sera bien véritablement la morale nationale, la morale humaine qui devra inspirer l'enseignement, l'éducation, les règlements, la loi civile et criminelle ; elle conduira sûrement à l'accord définitif de la science et de la morale, de la raison et de la foi, de l'autorité et de la liberté.

La morale de la vie permet de réaliser l'école unique qui est l'école de l'union et de la liberté.

La méthode alternative et la morale indépendante apparaissent vraiment comme étant la charte idéale de l'école nationale, de l'école unique, de l'école de tous.

Avec cette morale et cette méthode on ne pourra plus dire que l'école est incapable d'éducation parce qu'elle n'a point de critérium du devoir. On ne pourra plus dire qu'elle est l'école sans Dieu ou l'école athée, ou l'école religieuse parce qu'elle ne nie ni n'affirme Dieu et parce qu'elle admet la légitimité de la croyance et de la foi.

Au nom du Droit humain naturel, de la Justice, de la Solidarité, de la Liberté, on pourra réclamer le monopole de l'enseignement au profit de l'école nationale. On pourra le réclamer pour garantir aux enfants le droit d'entrer libre de corps et d'âme dans la société harmonieuse enfin créée, société qui n'est pas utopique puisque la morale indépendante reste dans le domaine du positif, du concret,

du réel et n'interdit, en aucune façon, le domaine méta-
nhysique et divin.

Entre l'école laïque actuelle et l'école nationale, la
transition sera peu importante. Mon plus cher désir est
que l'école laïque, cette belle école que j'aime et à laquelle
j'ai donné le meilleur de mon cœur et de mon âme de-
vienne, grâce à la méthode des trois degrés et à la morale
de la vie, l'école de la liberté individuelle et sociale, *credo*
suprême de tous les braves gens et facteur nécessaire
de l'ordre et de la paix et du bonheur humain.

FIN DU TROISIEME LIVRE

LIVRE IV

MORALE PRATIQUE

La vie individuelle et sociale est le premier des biens et le droit de vivre le premier des droits.

Le respect de la vie en soi et dans les autres est le premier des devoirs, le devoir général sur lequel reposent tous les devoirs particuliers.

Tout être créé ayant droit à la vie, la société doit venir en aide aux familles nombreuses et prendre à sa charge les enfants orphelins.

INTRODUCTION A LA MORALE PRATIQUE

I

Quelques réflexions pédagogiques

But de l'éducation morale. — Le but de l'éducation morale est de conduire l'enfant d'abord, l'homme plus tard à l'action bienfaisante dans le respect de la vie individuelle et sociale considérée en lui-même et dans les autres ; c'est de lui donner l'ardent amour de la liberté, le sentiment de la justice, le sentiment de sa dignité et de sa personnalité, la force de résister à ses tendances mauvaises et de mettre sa libre volonté au service de son bien propre et du bien général ; c'est, par dessus tout, de lui inspirer le respect de l'autorité impersonnelle émanant de la vérité et de la loi morale.

Pour réaliser une telle éducation, il faut amener l'enfant à connaître et à comprendre le devoir, à l'aimer et à l'accomplir.

Méthode

L'élève acquiert la connaissance du devoir par l'enseignement du maître. — Le maître enseigne le bien, la loi morale, la série et les degrés du devoir, le critérium pratique permettant à coup sûr la découverte du bien et le critérium des conflits du devoir.

La première précaution à prendre est de montrer à l'enfant que le bien fondamental réside dans la vie individuelle et sociale, que le droit de vivre est le droit fondamental et le respect de la vie le premier des devoirs, celui d'où dépendent tous les autres, que la loi morale « fais le bien parce que le bien c'est la vie individuelle et sociale » est justifiée en fait.

La deuxième précaution à prendre est de faire connnaître exactement aux enfants la classification des devoirs telle que nous l'avons indiquée dans la morale théorique : A) *devoirs individuels* envers le corps, la sensibilité, l'intelligence, la volonté ; B) *devoirs envers autrui*, de justice, de solidarité, de bonté ; devoirs sociaux (groupe familial, scolaire, national ou politique, international, humain ; devoirs professionnels, etc.); C) *devoirs envers la nature* ; D) *devoirs envers l'Inconnaissable*. Il est nécessaire, en outre, dans chacune de ces séries, de préciser les trois degrés du devoir. Enfin, il n'est pas moins utile de faire connaître le bien en qualité et en quantité ainsi que la progression ascendante et générale des biens ; du bien physique au bien intellectuel, au bien moral, sans oublier la progression des biens particuliers : conservation, développement et perfectionnement de l'homme et de ses forces.

La troisième précaution à prendre, c'est d'expliquer à l'élève le pourquoi des actes qu'on lui demande d'accomplir, de ne jamais lui demander de faire une action qui ne puisse se justifier et qui soit en désaccord avec la loi morale et l'idéal terrestre ; c'est de lui apprendre à se servir constamment du critérium pratique.

Ces précautions prises, on peut aborder l'étude des conflits du devoir. Ces cas sont très délicats, très épineux ; mais il faut tout de même les aborder à l'école primaire sans avoir peur du droit de critique de l'enfant. L'enfant doit être traité comme un homme en formation chez lequel il faut susciter la réflexion à l'occasion de sa conduite pour développer à la fois sa raison et son jugement. Dans chaque série de devoirs, il faut lui indiquer les principaux conflits qui peuvent se produire, et lui apprendre à se servir du critérium que nous avons établi dans ce but ;

il faut lui apprendre à se déterminer entre plusieurs classes de devoirs en faveur de celle qui renferme les devoirs les plus nombreux ou les plus hauts, à choisir entre les degrés du devoir, entre les devoirs de justice, de solidarité ou de bonté, et, dans chaque degré, à choisir, selon le cas, le devoir particulier le plus strict ou le plus élevé.

*
* *

L'élève acquiert la connaissance du devoir par son étude, sa réflexion et son observation personnelles. — L'enseignement donné par le maître n'aurait que peu de valeur, en effet, s'il était purement didactique et si l'éducation morale consistait uniquement dans la pratique de la vie. L'éducation morale est complète lorsque l'individu a pris conscience de lui-même et de ses actions, de leur valeur et des conséquences individuelles et sociales qu'elles entraînent. Il faut, à l'école, exercer l'enfant à la méditation et lui donner l'habitude de se demander le pourquoi et le comment des choses. Il faut lui apprendre aussi à se déterminer promptement et volontairement à l'accomplissement d'un acte réfléchi. Un excellent moyen pratique d'aboutir à ce résultat est de poser à l'enfant, à propos des divers devoirs, la question suivante : Que feriez-vous si vous vous trouviez dans telle ou telle situation ? Puis d'exiger que la réponse à cette question soit donnée au bout d'un temps de réflexion de plus en plus court ; car le devoir nécessite souvent une prompte décision. On fait ensuite discuter la réponse fournie par tous les élèves ; on les met, si besoin est, sur le chemin de la vérité par une série de questions appropriées qui aiguillent leur réflexion dans la bonne voie.

Les incidents de la vie journalière sont suffisamment nombreux pour exercer le jugement des enfants et leur permettre de faire usage du critérium du bien et de se dicter à eux-mêmes leurs devoirs familiers.

Ainsi, peu à peu, ils se convaincront que la morale indépendante offre un caractère de certitude absolue quant à la nature du bien et du devoir, mais qu'elle sollicite la réflexion dans la recherche des améliorations aux conditions des devoirs.

Ils arriveront à se poser souvent et naturellement, ces questions qui indiquent les conditions du progrès futur : « J'ai agi jusqu'ici conformément aux règles, aux préceptes qu'on m'a enseignés et présentés comme renfermant le devoir présent. Ne pourrais-je agir mieux à l'avenir ? J'ai vu agir ainsi ? Ne pourrait-on agir autrement et d'une manière plus conforme au bien et à la loi morale ?

*
* *

Il faut faire aimer le devoir. — La connaissance du bien et du devoir est insuffisante pour former l'âme de l'enfant. Il faut, de plus, le lui faire aimer en s'adressant à sa sympathie, à son cœur, en émouvant sa sensibilité.

Quelques objections. — Mais, à ce sujet, on ne manquera pas de faire quelqués objections que nous tenons à relever pour montrer notre souci de la vérité. La distinction des devoirs, leur classification en séries, en degrés et par ordre d'importance imposée par la méthode alternative est, dira-t-on, difficile ; il y faut réfléchir longuement et cette réflexion retarde l'action et arrête les élans du cœur. Avec la variabilité des devoirs du deuxième degré, avec la liberté dans les devoirs du troisième degré, objectera-t-on encore, il sera difficile au maître de prendre parti et partant de convaincre et d'émouvoir, car pour émouvoir et convaincre les autres, il faut être ému fortement soi-même. L'excès de précautions de la méthode alternative, le souci constant de rester dans la vérité et de respecter la liberté des autres brisera l'émotion et l'enseignement sera froid et sans vie.

Réponse. — Nous répondons : Comment pourrait-on soutenir sérieusement que la morale indépendante basée sur la vie, ayant pour but le respect de la vie dans toutes ses manifestations bienfaisantes conduit à la mutilation de l'âme.

En premier lieu, la distinction des devoirs est plus aisée avec la méthode alternative qu'avec les méthodes actuelles puisqu'elle fournit un critérium positif du devoir et des conflits en face desquels on peut se trouver ; elle donne un moyen fort simple de remonter, à propos de chaque devoir, à la source du bien, à la vie. Aucune autre morale n'offre autant de facilité dans la recherche du bien, aucune autre ne permet d'exercer l'enfant à cette recherche aussi judicieusement et aussi progressivement et de lui donner plus vite l'habitude de s'interroger lui-même et de choisir vite et bien l'action à accomplir.

Avec la morale indépendante, on peut tout aussi bien prendre parti qu'avec une autre morale, mais non pas tout imposer, car prendre parti et imposer sont deux choses différentes. Le maître peut parfaitement prendre parti, personnellement, ainsi d'ailleurs que chacun de ses élèves. Il doit, nous le savons, prendre parti définitivement pour les devoirs du premier degré, pour le respect des autres et de soi-même, pour la justice et le droit et il peut mettre de la chaleur, de la conviction, de l'émotion dans l'enseignement de ces grands devoirs. Il doit prendre parti encore, malgré leur variabilité, pour les devoirs du deuxième degré ; il dira : « Voilà ce qu'est le devoir pratique aujourd'hui ; il pourra changer à l'avenir dans ses modalités et dans ses conditions avec le progrès des idées et de la science ; mais en attendant voilà le bien, faites-le. » Il peut prendre parti, enfin, mais cette fois sans rien imposer, pour les devoirs de bonté et d'amour et même pour la seconde catégorie des devoirs du troisième degré ou devoirs envers Dieu, l'Inconnaissable, le Mystère. Il lui suffira de dire : « Voilà les doctrines, les croyances qui existent, pratiquez celle qui convient à votre esprit et à votre cœur, celle qu'on vous a recommandée dans votre famille. Moi je choisis celle-ci parce que je la crois la meilleure ; mais je puis me tromper ; aussi ne vous l'imposai-je pas et ne vous dis-je pas d'y croire par respect de votre conscience. »

Ah ! vous croyez qu'avec la morale indépendante on ne peut choisir, approuver, rejeter, émouvoir, admirer, s'indigner ? Quelle erreur ! Mais on peut admirer les actes de courage, de dévouement, d'amour, le sacrifice sublime du soldat à sa patrie, du savant à l'humanité. On peut s'indigner devant l'inconduite, la traîtrise, la lâcheté, la cruauté, devant le mal sous toutes ses formes.

La morale indépendante dit : « Mes enfants, quel que soit le principe que vous choisissiez pour expliquer le devoir, quelle que soit votre croyance ou votre foi, quelles que soient vos opinions, faites le bien, tout le bien que vous êtes capables de faire ; aimez le bien. Respectez les autres ; celui qui attente à la vie des autres de quelque manière que ce soit, qui ne respecte pas les autres dans leurs sentiments, leurs croyances, leurs opinions, n'est pas un brave homme ; aimez les autres hommes, aimez vos semblables. Chrétien, ton Dieu se fâcherait si tu faisais le mal. Matérialiste, qui veux réaliser le bonheur de l'homme en ce monde, tu dois être plus rigoureux encore, car si tu fais souffrir ton prochain, il n'y aura plus de compensation pour lui puisque tu n'admets pas la survie. Qui que tu sois aime le bien et le devoir de toute la puissance de ton cœur éclairé par ta raison et soutenu par ta croyance.

Un tel langage est la probité même. Grâce à ces principes de la méthode alternative et de la morale indépendante aucune liberté légitime n'est violée, aucune faute n'échappe au jugement sinon à la punition.

A la maison, à l'église, au temple, à la synagogue, le père de famille, le prêtre, le pasteur, le rabbin pourront compléter la leçon du maître le plus simplement du monde et sans le contredire, ce qui est d'un prix inestimable pour l'efficacité de l'éducation.

C'est la collaboration réelle, honnête de tous à l'œuvre d'éducation nationale et humaine, au lieu de la défiance sournoise, de la lutte injuste qui se livre actuellement entre les partisans des diverses théories, des diverses religions et des diverses morales ; c'est le respect de . ecclésiastique et du philosophe idéaliste ou matérialiste dans ce qui constitue le bien particulier, démontré, et le bien total mystérieux ; c'est la base des lois de l'humanité future organisée dans la justice et la paix sans proscriptions injustes d'aucune sorte.

*
* *

Il faut faire accomplir le devoir. — La connaissance du bien, l'amour du bien n'ont de valeur que s'ils sont complétés par l'habitude de l'accomplissement du bien.

Les enfants ont appris à distinguer par eux-mêmes les trois catégories du devoir, à aimer le devoir, à s'enthousiasmer pour le bien. Ils sont convaincus que les devoirs du premier degré doivent être imposés définitivement, que ceux du deuxième degré doivent l'être, la plupart du temps, d'une manière provisoire, que ceux du troisième degré ne peuvent être imposés par l'autorité impersonnelle, mais qu'ils doivent être accomplis tout de même selon la conception particulière à chacun.

Petit à petit, en graduant les difficultés selon l'âge des enfants, l'éducateur fera accomplir journellement des actions bienfaisantes et les accomplira lui-même pour bien montrer aux élèves qu'il n'y a qu'une morale pour les grands et pour les petits et que son exemple peut être imité et suivi parce qu'il agit conformément au bien, à la loi morale et à *l'idéal terrestre.*

Là encore, comme nous l'avons indiqué au livre II, la méthode alternative vient en aide à l'éducateur et lui indique clairement son rôle, sa mission. Elle lui fournit la progression des devoirs du moins important au plus important, du plus facile à accomplir au plus difficile.

Il demandera l'accomplissement des devoirs du premier degré par bonne volonté et, s'il ne peut l'obtenir, il l'imposera par la contrainte ; il exigera le respect des personnes et des choses dans toutes les circonstances de la vie scolaire :

Respect du maître, des camarades, de soi-même, respect de l'école et du mobilier, respect de la propriété commune, etc.) ;

Respect du corps (défense de donner des coups, de se bousculer, propreté de sa personne et de ses habits ; propreté et aération de la classe, précautions prophylactiques contre la maladie, les épidémies, etc.) ;

Respect de l'intelligence (véracité, loyauté, attention, vérité, jugement droit, connaissances claires, précises ; ne pas mentir, tromper, ne pas distraire les autres, etc.) ;

Respect du cœur (pas de moqueries, de persiflage, d'insultes, de reproches immérités, de grossièretés de langage ou de gestes, etc.) ;

Respect de la volonté (pas d'entrave au travail des autres, à leurs actions bienfaisantes, pas de bruit, de bavardage, de dérangement quelconque, etc.) ;

Chaque violation des devoirs de cette nature sera punie par le maître. Toutes les punitions seront inscrites dans un règlement spécial copié par les élèves et affiché en classe. Le domaine nombreux des devoirs du premier degré est le véritable domaine où s'exerce l'action du maître, celui où il est vraiment le représentant de l'autorité légale et morale, le domaine du droit fondamental et de la règle inflexible.

Quant aux devoirs de solidarité et d'entr'aide, les uns seront imposés par le règlement et relèveront de la contrainte légale ; les autres seront imposés par la loi morale et relèveront de l'unique bonne volonté de l'enfant, malgré qu'ils soient du domaine de l'autorité provisoire. Certains de ces devoirs sont déjà imposés par la société (impôts, service militaire, etc.) ; les autres sont laissés à la bonne volonté de chaque citoyen. Il doit en être de même à l'école. Le maître imposera, par exemple, une liste de devoirs bien déterminés et fixée réglementairement (porter secours à un camarade blessé ou malade ; consoler un condisciple dans le chagrin ; le défendre contre un plus fort ; lui éviter un accident ; l'aider à porter un fardeau, à trouver un objet perdu, à mettre un vêtement ; l'encourager à bien travailler, à se bien conduire ; lui donner un conseil ou un enseignement utiles ; l'aider à faire un devoir, à apprendre une leçon ; lui communiquer la liste des leçons et des devoirs lorsqu'il ne peut venir en classe.

Vis-à-vis des devoirs du troisième degré, le rôle du maître est tout tracé. Il ne peut les imposer, mais il doit les recommander et favoriser l'accomplissement des devoirs de pitié, de bonté, d'amour ; il doit mettre les enfants à même d'accomplir leurs devoirs envers Dieu et le Mystère et s'interdire toute critique déplacée et toute contradiction non autorisée par la méthode alternative et la morale indépendante.

**

Plan de la leçon pratique et barême général des principaux conflits. — Il nous reste à montrer de quelle manière nous concevons la leçon pratique. Celle-ci doit être complètement d'accord avec la méthode alternative dans son esprit et dans sa forme. Elle peut comprendre, dans un cours moyen et supérieur et pour chaque série de devoirs, les points suivants :

1º *Quels sont les devoirs de la série à étudier ?* Le maître fait découvrir, autant que possible par les élèves, les trois degrés des devoirs concernant la série en question : A) devoirs de justice et de conservation (premier degré) ; B) devoirs de solidarité et de développement (deuxième degré) ; C) devoirs de perfection et d'amour (troisième degré) ; D) devoirs mixtes s'il y a lieu.

2º *Pourquoi faut-il accomplir ces devoirs ?* Pour de multiples raisons particulières lesquelles se rattachent plus ou moins directement à la raison initiale. Le maître fait découvrir ces raisons en remontant de proche en proche jusqu'à la source du devoir, jusqu'à la base vie, de même que d'autres morales remontent à la base Raison, Conscience, Dieu.

3º *Comment faut-il remplir ces devoirs ?* Le maître procède avec les mêmes précautions que précédemment. Il indique, s'il y a lieu, les diverses manières d'accomplir les trois degrés du devoir et celle qui réunit le plus d'adhésions. Il doit montrer que les conditions des devoirs sociaux notamment peuvent changer en se servant d'exemples tirés de l'histoire et de la vie actuelle.

4º *Quels sont les conflits du devoir qui peuvent se présenter et comment peut-on y mettre fin sans violer la loi morale ?*

On fait ensuite connaître aux enfants les conflits du devoir d'après la classification que nous avons établie au chapitre VI de la morale théorique, classification qui devient un véritable barême général. Ce sont d'abord les conflits entre deux devoirs du même degré : deux devoirs de justice, deux devoirs de solidarité, deux devoirs de fraternité. Ce sont ensuite les conflits entre deux devoirs de degrés différents : devoir de justice opposé à devoir de solidarité ou de fraternité ; devoir de solidarité opposé à devoir de fraternité ou inversement.

Le maître place ensuite les enfants en présence d'un conflit déterminé et leur demande de choisir l'un quelconque des devoirs en opposition, de faire appel au critérium pratique pour découvrir le devoir le plus important, celui qui respecte le mieux la Justice et le Droit, celui que l'on est tenu d'accomplir en connaissance de cause. Et c'est là principalement qu'est la nouveauté et qu'est la supériorité de la morale de la vie sur la morale rationnelle. Jusqu'ici, dans les leçons on énumérait les devoirs, on indiquait comment il fallait les remplir ; mais on n'en donnait pas une raison fondamentale positive ; on ne mettait pas à la disposition de l'enfant et de l'homme un critérium vraiment pratique, vraiment utilisable.

Voici quelques exemples :

1° Vous avez pour ami un petit garçon bien élevé, honnête, gentil et affectueux qui fréquente la même école que vous. Ses parents, à la suite d'une querelle qui ne porte atteinte à l'honneur de personne, viennent de cesser toutes relations avec les nôtres. Pour cette unique raison vos parents vous interdisent de parler à votre ami. Leur obéirez-vous ?

Réponse : Je ne leur obéirai pas.

Pourquoi ? Parce qu'un devoir de justice prime un devoir d'amour ; parce que mon petit ami éprouverait du chagrin si je lui tournais le dos, un chagrin immérité ; parce qu'en le faisant souffrir, je manquerais à mes devoirs de justice et au respect que je dois à sa vie morale ; parce que la loi morale m'interdit absolument de porter atteinte à la vie des autres dans toutes ses manifestations bienfaisantes et que ma raison est d'accord avec la loi morale (*pourquoi positif*) ; [et, s'il y a lieu, et en dehors de l'école : parce Dieu veut qu'on respecte la vie de ses créatures... parce que... (*pourquoi intime*)].

Je continuerai à fréquenter mon ami, en dehors de sa famille tout au moins, parce que mes parents n'ont pas le droit de m'obliger à manquer à un devoir de stricte justice envers un brave petit enfant ; parce qu'ils n'ont pas le droit de me faire souffrir moi-même sans cause légitime. L'affection que je nourris pour eux, le désir très vif que j'ai de leur être agréable doivent s'incliner devant la justice.

Si vos parents vous en font le reproche, que leur répondrez-vous ? Je répondrai : « Chers parents, je vous aime, j'ai pour vous un profond respect et je resterai toujours le meilleur des fils ; mais vous me chérissez trop pour me demander de sacrifier ma naïve justice d'enfant à votre rancune d'homme fût-elle la plus justifiée ; je suis persuadé que vous m'estimerez davantage si j'ai le courage d'accomplir à la fois tous mes vrais devoirs de fils et mes devoirs envers autrui.

2° Vous avez promis de vous rendre à une réunion corporative pour soutenir les revendications de vos camarades d'atelier. Le jour de la réunion, votre mère, gravement malade, réclame vos soins d'où dépend peut-être son existence. Irez-vous à la réunion ?

Réponse : Non.

Pourquoi ? Parce qu'en restant auprès de ma mère j'accomplis un devoir du premier degré, devoir de conservation de sa vie, tandis qu'en me rendant auprès de mes camarades j'accomplis seulement un devoir de solidarité (deuxième degré). Or, un devoir de solidarité passe après un devoir de justice.

3° Vous témoignez en justice avec vos parents, dans la même cause. Vos parents taisent certains faits et dénaturent les autres, ce qui risque d'amener une condamnation injuste. Que ferez-vous ?

Réponse : Je dirai la vérité et, s'il le faut, je donnerai un démenti formel à mes parents.

Pourquoi ? Parce que la vérité a des droits imprescriptibles ; parce que la loi morale m'interdit de suivre mes parents dans la voie du mal, de faire condamner un innocent ou de faire perdre un procès à qui devait légitimement le gagner. Une seule chose pourrait me retenir : l'affection que j'ai pour mes parents, le souci de leur honneur et du mien ; mais ce n'est pas là un devoir essentiel opposé à un devoir strict. Je dois donc taire ma peine (troisième degré), refuser de me solidariser avec mes parents (deuxième degré) pour ne songer qu'à la justice due à autrui (premier degré). Je dois dire la vérité par respect de la vie (*pourquoi positif*) [parce que Dieu veut que je respecte la vie des autres (*pourquoi intime*)].

Nous pourrions fournir une multitude d'autres exemples sans apporter plus de clarté dans la discussion.

✱✱✱

Voilà donc le plan idéal d'une leçon de morale, de toutes les leçons, qu'elles portent sur un seul ou sur plusieurs devoirs. Quels sont ces devoirs ? Pourquoi faut-il les remplir ? Comment ? Quels conflits peuvent surgir à ce sujet ?

Ce plan ne laisse rien dans l'ombre ; il permet un classement clair, raisonné de toutes les données du problème moral sous toutes ses formes. Il facilite la mémoire et la compréhension. Il est en accord complet avec la méthode alternative et réserve une place d'honneur à la liberté de bien faire dans les conflits divers qui surgissent à chaque pas dans la vie des hommes. C'est pourquoi nous avons donné cette forme à toutes nos leçons de morale pratique.

Nous voulons, par cette répétition continue, faire naître dans le cœur des enfants l'obsession du devoir.

II

Généralités

La morale est une science qui a pour but de tracer les règles de la conduite de l'homme durant son existence. Ces règles de conduite s'appellent le devoir.

Le domaine de la morale est par suite uniquement terrestre.

La base de la morale est la vie, fait naturel, positif, démontrable si on l'envisage dans ses trois moments : naissance, croissance, mort. C'est une base non-neutre, car l'idée de sa réalité peut être imposée avec une autorité définitive. C'est la base commune sur laquelle peut se faire l'union de tous les hommes ; en effet, la vie présente de l'homme dirigée vers le bonheur terrestre ne s'oppose nullement à la vie de l'âme dirigée vers le bonheur céleste.

La vie est le premier des biens pour l'homme, le bien positif nécessaire, fondamental, puisque sans la vie l'homme ne serait pas. Si l'on envisage, à part, la vie dans l'individu et la vie dans le groupe social (ou agrégat d'individus), on peut dire qu'il y a un bien positif individuel et un bien positif social lesquels biens ne sont que les deux aspects du bien total.

Le bien positif individuel comprend tous les biens particuliers depuis le plus humble jusqu'au plus élevé (bien physique, intellectuel, moral, considéré dans toutes les qualités de nos forces ou facultés). L'homme qui possède le plus de qualités, de vertus est celui qui possède la plus grande somme de bien.

Le bien positif social réside dans les hommes considérés non en eux-mêmes, mais dans leurs bonnes qualités. Plus il y a d'individus à la fois travailleurs, intelligents, instruits, bons, vertueux dans une société, plus cette société possède de bien.

Il y a deux idéals. — Il y a un **idéal terrestre** positif, fixe, commun à tous les hommes qui représente le maximum de bien individuel et social auquel il est possible d'atteindre en ce monde. Il comprend le total de tous les biens poussés à leur dernier degré de perfectionnement et du plus humble au plus élevé (santé physique, raison pratique, amour, vertu, etc.). Ce n'est pas le souverain bien, le bien fini ; mais sa possession assurerait l'équilibre parfait dans l'homme. Celui qui posséderait ce maximum de bien serait un homme moralement achevé. La morale indépendante impose la poursuite de cet idéal.

Il y a un idéal intime variable particulier à chaque homme, idéal de foi en une perfection supra-terrestre ou non (Dieu, Inconnaissable, Cosmos, etc.). L'idéal intime complète et achève l'idéal terrestre ; il parfait la vie terrestre ; il prépare l'homme à la vie future. La morale indépendante recommande la poursuite d'un idéal intime ; mais ne l'impose pas.

*
* *

Le guide moral. — L'individu et la société doivent s'efforcer de faire disparaître les causes du mal et de multiplier les causes du bien. Pour aider l'homme à se rapprocher le plus possible de l'idéal terrestre, il faut lui donner un guide moral qui détermine avec précision le droit, le devoir, la loi morale et le critérium pratique de la conduite.

Le bien, le devoir fondamental. — La vie étant le premier des biens pour l'homme, le droit de vivre est, par suite, le premier des droits et le respect de la vie individuelle et sociale le premier des devoirs, le devoir fondamental.

Le devoir de respect de la vie se présente sous trois formes ou modalités qui sont les trois degrés ascendants de la vie morale.

A) Le devoir est d'abord le respect strict du droit de vivre, de conservation de la vie en soi et dans les autres ou devoir négatif de justice (*premier degré du devoir qui doit être imposé avec une autorité définitive*).

B) Le devoir est ensuite le respect du droit de vivre poussé jusqu'à la réalisation du bien pour soi et pour les autres ou devoir positif de solidarité (*deuxième degré du devoir qui doit être imposé avec une autorité provisoire*) ;

c) Le devoir enfin, c'est le respect du droit de vivre poussé jusqu'au renoncement partiel ou total à ses biens particuliers, à sa vie même pour le profit et le bonheur d'autrui ou devoir d'amour et de dévouement (*troisième degré du devoir qui ne peut être imposé que dans des cas très particuliers et doit être en principe laissé à la bonne volonté de chacun*).

La loi morale. — Des faits précédents on tire la double loi suivante :

1° « Fais le bien par respect de la vie ». Cette première loi positive conduit à la possession de l'idéal terrestre, à la vertu humaine ;

2° « Fais le bien parce que ta conscience et ta raison exigent que tu respectes la vie ; parce que Dieu veut que tu fasses le bien en ce monde et réalises ta fin terrestre en même temps que tu te prépares à réaliser ta fin céleste... parce que...» Cette loi conduit à un idéal intime, religieux ou philosophique.

Critérium pratique. — Quels que soient ta fonction et le groupe social auquel tu es agrégé, dans tout ce que tu penses, écris, fais, respecte, en toi et dans les autres, la vie dans toutes ses manifestations bienfaisantes ou indifférentes (**Justice**) ; travaille à ton plus grand perfectionnement vital et à celui d'autrui (**Solidarité**) ; incline ton cœur vers la bonté et l'amour (**Fraternité**) ; livre au mal vital un combat incessant, lequel combat a pour limite la Justice et la Vérité.

Critérium des conflits. — Dans les conflits du devoir, agis toujours en faveur du plus grand bien vital individuel et social ; accomplis tes devoirs de Justice avant d'accomplir tes devoirs de solidarité, ceux-ci avant d'accomplir tes devoirs de bonté et d'amour et ces derniers avant d'accomplir tes devoirs envers l'Inconnaissable ; mais accomplis toujours le plus élevé de ces devoirs lorsqu'il n'entraîne la violation d'aucun des devoirs inférieurs.

Règle complémentaire. — N'oublie jamais que les devoirs de justice se présentent toujours sous une forme négative : « Ne pas faire » ; que les devoirs de solidarité et de fraternité se présentent toujours sous deux formes actives inséparables : effort pour acquérir le bien et lutte contre le mal. Tout mal détruit est une augmentation du bien.

La liberté normale. — L'homme. est considéré comme pratiquement libre de faire le bien ou le mal.

La liberté d'action est le pouvoir que possède l'homme de se soumettre ou de résister à la contrainte intérieure et extérieure des forces, de se contraindre lui-même, de contraindre les autres et les forces de la nature en vue d'un devenir délibéré et voulu.

La vraie liberté morale est la liberté normale, c'est-à-dire la liberté employée à l'acquisition du bien maximum individuel et social ou idéal terrestre.

La responsabilité. — L'homme sait qu'il doit faire le bien, dire la vérité, rechercher ce qui est beau, ce qui est juste. Mais il est libre de faire ou de ne pas faire ces grandes choses. Puisqu'il est libre de choisir ses actes, il en est responsable devant sa conscience, devant la loi morale et la loi civile. La dignité de l'homme réside donc dans sa liberté, sa volonté et dans sa responsabilité.

Les sanctions normales. — Il y a trois sortes de sanctions : les sanctions naturelles, les sanctions de la conscience, les sanctions volontaires, individuelles et sociales. La morale ne s'occupe que des sanctions volontaires. Les sanctions volontaires punissent le mal et récompensent le bien. Les sanctions légitimes sont celles qui sont en parfait accord avec la liberté normale, de là le nom que nous leur avons donné de sanctions normales. Ces sanctions sont strictement terrestres ; mais elles ne sont pas opposées à la croyance en des sanctions futures qui peuvent s'y ajouter tout naturellement.

On peut classer ainsi les sanctions terrestres :

1° *Les sanctions normales du premier degré sont attachées à l'accomplissement ou à la violation des devoirs de justice.*

A) *Les punitions du premier degré sont sévères et presque uniquement positives, criminelles, civiles, afflictives, infamantes, pécuniaires.*

B) *Il n'y a pas de récompenses du premier degré.*

2° *Les sanctions normales du deuxième degré sont attachées à l'accomplissement ou à la violation des devoirs de solidarité.*

A) *Les punitions du deuxième degré sont moins sévères ; elles sont plus rarement correctionnelles, afflictives ou infamantes, plus souvent civiles, administratives, morales.*

B) *Les récompenses du deuxième degré sont quelquefois matérielles et pécuniaires, le plus souvent honorifiques.*

3° *Les sanctions normales du troisième degré sont atta-*

chées à l'accomplissement ou à la violation des devoirs d'amour humain.

A) *Il n'y a pas de punitions du troisième degré, sauf en des cas très particuliers (état de guerre).*

B) *Les récompenses du troisième degré sont les plus hautes qui soient, matériellement et moralement.*

L'autorité impersonnelle est l'autorité de la loi civile et de la loi morale. Ceux qui font obéir ces lois n'en sont que les serviteurs et doivent y obéir eux-mêmes (parents, éducateurs, agents de l'autorité, etc.). Ils ne peuvent imposer que ce qui est civilement légal, moralement obligatoire.

L'autorité personnelle est l'autorité que s'attribue un individu pour commander d'après sa propre conception des choses, ses désirs, son caprice ou sa volonté. Si elle est d'accord avec la loi morale ou civile elle est bonne ; si elle est en désaccord avec ces mêmes lois, elle est mauvaise. La morale ne reconnaît qu'une autorité légitime : l'autorité impersonnelle.

La force personnelle est la puissance de volonté possédée par chacun. L'homme doit mettre sa force personnelle au service de l'autorité impersonnelle et de la loi morale.

Classification des devoirs pratiques. — Nous avons vu plus haut que le devoir général de respect de la vie se présente sous trois modalités ou degrés. De ce devoir général on tire facilement la classification des devoirs pratiques ou particuliers.

I. — *Le respect de la vie en soi est le fondement des devoirs individuels :*

A) *De conservation de la vie ou des biens physiques, intellectuels, moraux (Justice, premier degré) ;*

B) *De développement et de perfectionnement des forces intimes ou des facultés physiques, intellectuelles, morales (solidarité, deuxième degré) ;*

C) *D'amour de soi, d'abandon partiel ou total d'un bien inférieur pour acquérir un bien plus grand ou d'égoïsme normal, de dévouement à sa propre personnalité, à sa dignité, à son honneur, de lutte contre l'orgueil, la vanité, le faux amour-propre (amour, troisième degré).*

II. — *Le respect de la vie dans les autres est le fonde-ment des devoirs sociaux, des devoirs envers autrui.*

1° D'homme à homme ou devoirs généraux d'humanité : A) *de stricte conservation de la vie, des biens intimes et matériels ou de Justice (premier degré). — De dévelop-pement, de perfectionnement ou de solidarité, charité (deuxième degré). — c) De sacrifice de soi dans ses biens intimes et extérieurs ou de bonté et d'amour (troisième degré)* ;

2° *Dans le groupe familial : de mari à femme ; de pa-rents à enfants et vice-versa (petite enfance, adolescence, âge mûr) ; d'enfants entre eux ; de parents aux divers degrés* ;

3° *Dans le groupe scolaire ; d'élèves à maître et vice-versa ; d'élèves entre eux ; d'élèves à école* ;

4° *Dans le groupe professionnel : de patrons à ouvriers et réciproquement ; d'ouvriers entre eux ; entre artisans isolés ; des fonctionnaires rétribués ou non à public et réciproquement ; ou commune, département, État* ;

5° *Dans le groupe politique ou national : devoirs envers la patrie (conservation, développement, amour) ; des gouvernants, des gouvernés* ;

6° *Dans le groupe international : des patries entre elles (conservation, développement, perfectionnement) avec ré-ciprocité.*

III. — *Le respect de la vie dans la nature est le fon-dement des devoirs :*

1° *Envers les animaux (justice, solidarité, bonté)* ;

2° *Envers les végétaux, les choses (justice, perfection-nement, amour)* ;

3° *Envers l'ordre universel, les beautés de la nature (justice, conservation, embellissement).*

IV. — *Le respect de la vie jusque dans l'Abstrait, l'In-connu, l'Absolu est le fondement des devoirs du troisième degré.*

1° *Envers le passé et l'avenir* ;

2° *Envers les croyances, les métaphysiques et les phi-losophies, envers Dieu, les religions et ceux qui croient.*

NOTA. — Dans les leçons de morale pratique à l'usage des écoliers et des étudiants, le pourquoi positif sera seul indiqué. Mais on laissera un espace en blanc pour permettre à chacun de formuler son pourquoi intime, l'un et l'autre étant également légitimes.

Nous publions ces modestes leçons avec les précieux encouragements de M. Lavandier, directeur d'école à Saint-Étienne, Officier de l'Ins-truction Publique.

PREMIÈRE PARTIE

Les Devoirs individuels

> Il n'y a qu'un devoir réel pour l'homme isolé : c'est le respect de sa vie. — Celui qui se suicide commet un crime. — Respecte ta vie pour apprendre à respecter celle des autres.

Supposons l'homme isolé. Il jouit du droit de vivre et de développer son corps et son âme dans le sens du bien, du bon, du mieux. De là dérivent les nombreux devoirs que nous avons à remplir envers nous-mêmes. Ces devoirs individuels comprennent des devoirs envers notre corps et envers notre âme et ont pour but la formation de l'homme moral. Les devoirs envers notre âme comprennent des devoirs envers notre intelligence, notre sensibilité, notre volonté, notre liberté et notre dignité personnelle. Nous étudierons tour à tour chacun de ces devoirs sans phraséologie, sans mots et ornements inutiles. L'idée et le fait seuls importent en morale.

I

Devoirs envers le corps

1° Quels sont les devoirs des trois degrés d'un homme envers son corps ?

A) *Les devoirs du premier degré (bien non-neutre réel)* sont les devoirs de justice ou de conservation du corps et de tous ses organes, de leur santé, de leur souplesse : le respect dû au corps en général et à chaque organe en particulier.

B) *Les devoirs du deuxième degré (bien non-neutre conventionnel)* sont les devoirs de solidarité constante qui doit exister durant le développement des forces physiques pour l'augmentation de la puissance corporelle, le recouvrement de la santé perdue ; c'est la surveillance attentive du jeu des divers organes, notamment des organes des sens, le développement de leur force, de leur souplesse, de leur vigueur, de leur agilité dans l'équilibre intime ;

c'est la lutte entreprise contre la débilité, un défaut physique, une tare quelconque pour essayer de les faire disparaître ou tout au moins de les atténuer.

c) *Les devoirs du troisième degré ou de perfection (bien neutre)* sont, d'une part, l'amour de soi ou égoïsme normal et le souci de sa beauté personnelle. C'est, d'autre part, non pas le sacrifice, mais la diminution d'un bien inférieur pour arriver à l'acquisition d'un bien supérieur.

2° Pourquoi faut-il accomplir ces devoirs ? Nous devons accomplir ces devoirs parce qu'un corps débile est un ʹ tacle au travail et à l'accomplissement de nos devoirs ; pa 'ce que la mauvaise santé diminue notre plaisir de vivre et notre bonheur ; parce qu'un individu maladif est une cause de chagrin pour ceux qui l'entourent et de surcroît de peine ; parce que sans la santé physique nous ne pouvons pas espérer développer normalement notre intelligence et notre volonté...; parce que l'éducation physique prépare à l'éducation professionnelle, parce que l'esprit se trouve bien des exercices du corps.

Pourquoi positif : parce que la loi morale nous ordonne le respect de la vie physique et nous enjoint de la conserver intacte, de la développer dans le bien, de la perfectionner.

Pourquoi intime : parce que la conscience et la raison nous imposent cette manière d'agir ; parce que Dieu veut qu'il en soit ainsi... « parce que...»

3° Comment faut-il accomplir ces devoirs ?

A) *On accomplit les devoirs du premier degré (autorité définitive)*: en évitant le suicide,.les mutilations volontaires de notre corps ; en évitant la malpropreté corporelle et la malpropreté de nos appartements ; en évitant le repos prolongé qui engourdit les membres, en évitant la gourmandise, l'intempérance, l'ivrognerie, l'alcoolisme qui détériorent les organes ; en évitant de faire servir nos organes à des passions basses et à des plaisirs malsains ; en évitant, enfin, l'excès de précautions, de soins donnés à notre corps, ce qui lui est nuisible.

B), *On accomplit les devoirs du deuxième degré (autorité provisoire)* : par l'observation des règles de l'hygiène ; par la gymnastique qui donne la souplesse et l'agilité, par la propreté constante de notre personne, la propreté de nos habits et la bonne tenue de notre habitation ; par la sobriété et la tempérance ; par les jeux et les amusements sains. Il faut veiller avec soin à ce qu'aucun organe ne prenne, dans les circonstances ordinaires de la vie, un développement exagéré, à ce qu'aucun ne s'atrophie (le contraire étant malheureusement une nécessité dans l'exercice de certains métiers). Il faut exciter les uns et réfréner les autres ; il ne faut d'excès en rien. Enfin, par le travail et le redressement des défauts physiques.

c) *On accomplit les devoirs du troisième degré (liberté)* : par des soins attentifs accordés à notre corps, à nos habits, à tout ce qui nous entoure dans le cadre familier. La santé des organes étant acquise, l'homme se doit à lui-même de se rendre agréable par l'arrangement de sa personne (barbe, moustaches, cheveux, etc.), par une coupe agréable donnée à ses habits et, pour la femme, par un désir de plaire qui ne doit jamais dégénérer en coquetterie. Le souci de la beauté corporelle ne doit pas être celui de la régularité des traits ; mais le souci de l'arrangement qui sied. Celui qui ne prendrait que des bains parfumés exagérerait les soins de propreté ; celui qui s'habillerait en mignon, celle qui se vêtirait d'une manière extravagante feraient preuve de manque de goût. Dans l'amour de soi, il faut du tact et de la mesure. Cet amour de soi exige parfois des sacrifices : certains hommes (savants, inventeurs, écrivains) sacrifient souvent une partie des soins corporels pour augmenter les soins accordés au développement de leur intelligence ; mais là aussi, il faut une juste limite : il est permis de diminuer un bien physique non de le supprimer et d'instaurer en soi le déséquilibre permanent.

4° Quels sont les conflits qui peuvent se produire et comment y mettre fin ?

Ces conflits sont nombreux : en voici quelques-uns :

1. Vous avez commis un acte déshonorant (vol, faux, etc.), dans un moment d'aberration. Pour échapper au déshonneur, vous voulez vous suicider. Faites-vous votre devoir ?

Solution : Non. **Pourquoi ?** Parce que, dans ce cas, il y a conflit entre le devoir de conservation du corps (premier degré) et le devoir d'honneur (troisième degré) ; parce qu'entre deux devoirs on doit remplir le plus strict, parce que la loi morale interdit de se donner la mort, parce qu'on doit réparer la faute que l'on a commise après avoir subi un juste châtiment.

2. Vous avez le devoir de vous instruire. Le médecin vous interdit tout travail intellectuel parce que vous jouissez d'une santé précaire. Que ferez-vous ?

3. Votre devoir est de rendre votre personne agréable. Mais votre travail nuit à cet agrément. Sacrifierez-vous le travail à votre personne ?

4. Vous exercez un métier malsain. Comment concilierez-vous le devoir d'assurer la santé de votre corps et le devoir de travailler ?

5. Vous jouissez d'une bonne santé. Vous négligez une partie des soins que vous devez à votre corps pour vous instruire, chercher, inventer. Faites-vous votre devoir ?

II

Devoirs envers l'intelligence

1. Quels sont les devoirs des trois degrés d'un homme envers son intelligence ?

A) *Les devoirs du premier degré (bien non-neutre réel)* sont la conservation de nos facultés intellectuelles (mémoire, imagination, raison, bon sens, etc.), le respect de notre moi intelligent.

B) *Les devoirs du deuxième degré (bien non-neutre conventionnel)* sont le développement normal de nos facultés, leur culture rationnelle, leur perfectionnement éclairé par l'éducation, l'instruction ou l'acquisition des connaissances nécessaires durant la vie. C'est la lutte livrée à l'esprit faux, à l'esprit du mal.

C) *Les devoirs du troisième degré (bien neutre)* sont l'amour de son intelligence pour elle-même, pour la noblesse des idées qu'elle développe, pour les satisfactions intimes qu'elle procure, pour l'art et la beauté pour l'idéal et l'ornement de l'esprit. C'est la croyance en l'infini.

2. Pourquoi faut-il accomplir ces devoirs ?

Nous devons accomplir ces devoirs parce que notre intelligence nous élève au-dessus de l'animal, parce que sa conservation et son développement sont utiles à nos intérêts et à ceux d'autrui ; parce qu'elle nous guide dans nos travaux et nous procure facilement des plaisirs élevés; parce que sans la culture de l'intelligence, il n'y a pas de science, pas de progrès possibles, pas de civilisation ; parce que l'ignorance, c'est la barbarie, l'arrêt du perfectionnement humain.

Pourquoi positif : par respect de la vie dont l'intelligence est une manifestation.

Pourquoi intime : parce que la conscience et la raison en démontrent l'utilité ; parce que Dieu veut que l'homme cultive l'intelligence qu'il lui a donnée... parce que... etc.

3. Comment faut-il accomplir ces devoirs ?

A) *On accomplit les devoirs du premier degré (autorité définitive)* : en évitant l'ignorance, la naïveté, l'esprit faux; en évitant le mensonge, l'hypocrisie, l'astuce, la flatterie, la bassesse ; en évitant la tromperie, la duperie, le parjure, la trahison ; en évitant la curiosité, l'indiscrétion, la surprise des secrets d'autrui ; enfin en évitant l'imprudence et l'imprévoyance.

B) *Les devoirs du deuxième degré (autorité provisoire) :* par la culture de la mémoire, de l'imagination, de la raison, du jugement, du raisonnement ; par l'instruction (lettres, sciences. arts), l'observation, la réflexion ; en étant écolier assidu, exact, attentif, prévoyant, appliqué au travail ; par la vérité, la franchise, la sincérité, la discrétion ; par la prévoyance et la prudence; en un mot en développant l'initiative personnelle et toutes les qualités utiles à l'intelligence. Dans l'acquisition des connaissances, il ne faut pas se presser, il faut rendre le travail attrayant, faire effort, tenir compte des qualités particulières à chacun de nous et livrer un combat incessant aux défauts de l'esprit.

C) *On accomplit les devoirs du troisième degré (liberté)* en acquérant les connaissances spéculatives qui n'ont d'autre but que la poursuite d'un idéal de Vérité, de Beauté, d'Art ; en cultivant les sciences, les lettres, les arts pour eux-mêmes, pour les satisfactions désintéressées qu'ils procurent à l'esprit et au cœur ; en s'intéressant aux arts d'agrément, à la musique, à la peinture, à l'architecture, à la poésie, etc., qui reposent l'esprit par l'harmonie des sons et des couleurs, en mettant au-dessus de tout, le culte de la Vérité... Mais cet amour ne doit jamais dégénérer en passion et nous faire oublier la vie sociale et la solidarité de nos forces et des forces sociales ; en s'intéressant aux problèmes philosophiques et métaphysiques.

4. Quels sont les conflits qui peuvent se présenter et comment y mettre fin ?

1. Vous voudriez cultiver toutes vos facultés La nécessité d'un examen vous oblige à vous spécialiser. Que ferez-vous ?

2. Par devoir envers vous-même, vous voulez acquérir une instruction générale étendue. Or, vous êtes chef d'une exploitation qui ne vous laisse aucun loisir. Comment sortirez-vous de ce conflit ?

III

Devoirs envers la sensibilité

1. Quels sont les devoirs des trois degrés d'un homme envers sa sensibilité ?

A) *Les devoirs du premier degré (bien non-neutre réel)* sont sa conservation intacte pour éviter les névroses ; le respect dû à nos sens, à nos sensations, à nos impressions, à nos bons sentiments ; le soin que l'on prend d'écarter tout contact impur et tout exemple vicieux.

B). *Les devoirs du deuxième degré* (*bien non-neutre conventionnel*) sont le développement prudent des sensations ; la culture des sentiments délicats et généreux, de l'amour de nos biens personnels qui nous conduiront plus tard à l'amour de notre famille, de notre patrie et de l'humanité, car nous n'aimons dans les autres que ce que nous aimons d'abord en nous-mêmes ; c'est le combat livré aux mauvais sentiments, à l'orgueil, à la vanité, aux jouissances grossières contre lesquelles il est souvent difficile de se défendre.

C) *Les devoirs du troisième degré* (*bien neutre*) sont l'amour du moi sensible pour lui-même et pour les jouissances, les joies, le bonheur qu'il procure à chacun de nous ; le sentiment du Beau, du Bien, du Vrai pour les émotions exquises du cœur ; l'admiration et un certain nombre de nobles passions, passion des arts, des lettres, de la poésie qui laissent intactes nos vertus et parfument pour ainsi dire notre âme. Ce sont les sacrifices matériels que nous faisons pour atteindre à une vie morale plus belle et plus noble ; et c'est aussi le soin que nous apportons à la culture du sentiment de Dieu et de la Nature, du sentiment religieux. C'est la lutte entreprise contre les mauvaises passions, contre le fanatisme et le sectarisme qui peuvent vouloir se développer en nous.

2. Pourquoi faut-il accomplir ces devoirs ?

Il faut accomplir ces devoirs parce que les plaisirs grossiers, les bas instincts, les passions dégradent l'homme ; parce que la sensibilité a besoin de soins délicats si on veut la développer et la conserver entière et pure ; parce que sans elle les hommes ne seraient pas complètement heureux ; parce qu'une sensibilité pervertie est la cause de presque tous nos malheurs, de toutes les mauvaises actions et de tous les crimes.

Pourquoi positif : parce que la loi morale nous recommande de vivre conformément aux lois naturelles qui s'opposent à la perversion du cœur et des sens.

Pourquoi intime : parce que la Raison veut que l'homme vive sainement ; parce que la vertu est agréable à Dieu... parce que... etc.

3. Comment faut-il accomplir ces devoirs ?

A) *Il faut accomplir les devoirs du premier degré* (*autorité définitive*) : en évitant avec soin les passions mauvaises, la sensualité ; en évitant l'intempérance, l'ivrognerie, l'alcoolisme ; en évitant l'égoïsme outré, anormal, l'orgueil, la vanité, la jalousie, l'envie, la coquetterie, la colère et la vengeance ; en fuyant l'avarice et la prodigalité ; en se détournant des exemples mauvais et contagieux.

b) *On accomplit les devoirs du deuxième degré (autorité provisoire)* : en développant en nous les bons sentiments de justice, de solidarité, d'amour ; le goût des saines émotions ; en contemplant et en admirant la naturè, en faisant le bien, en développant en nous le sentiment du beau ; en acquérant de bonnes habitudes ; en recherchant les jouissances paisibles et permises, la vertu et l'émulation dans le bien ; en faisant effort pour conserver, même dans les circonstances difficiles, le calme et la maîtrise de soi ; en restant modeste même dans le succès ; en pratiquant l'économie, l'épargne, l'ordre, le travail pour accéder au sentiment de la valeur des choses et de la noblesse du travail intellectuel et manuel. En n'oubliant pas qu'il y a une solidarité des sentiments comme il y a une solidarité des forces intellectuelles et physiques ; en luttant contre la colère, l'orgueil et tous les mauvais sentiments qui rabaissent le cœur de l'homme.

c) *On accomplit les devoirs du troisième degré (liberté) :* en pratiquant un égoïsme supérieur d'où est exclu tout élément bas et vil, car sur l'égoïsme normal se greffe facilement l'altruisme le plus pur. Celui qui possède des biens élevés est vite tenté d'en faire profiter les autres si une éducation bien comprise sait lui en ménager les voies. Il est bon de s'absorber dans la contemplation de soi pour s'assurer que tout y est en harmonie, pour mesurer et comparer la valeur de nos jouissances, de nos sentiments, de nos joies et pour pouvoir nous livrer tout entiers à ceux de nos sentiments qui sont capables de nous conduire à la vertu individuelle laquelle est aussi utile aux autres qu'à nous-mêmes par son exemple contagieux ; en sachant sacrifier quelques-uns de nos biens particuliers pour la défense de notre dignité, de notre honneur. L'amour-propre est une vertu.

4. Quels sont les conflits qui peuvent se présenter et comment y mettre fin ?

1. Vous êtes sollicité au plaisir de deux manières différentes et en même temps : d'un côté sont les jouissances physiques, de l'autre les jouissances intellectuelles et morales. Quel plaisir choisirez-vous ? Pourquoi ?

2. Vous devez éviter toutes les émotions violentes capables de troubler votre sensibilité. Une personne est victime d'un accident affreux ; on réclame votre aide. Que ferez-vous ?

3. Un ami vous invite à lui tenir compagnie au café. Il insiste Votre présence serait agréable à votre famille à ce moment. Où est votre devoir ?

IV

Devoirs envers la volonté

1. Quels sont les devoirs des trois degrés d'un homme envers sa volonté ?

A) *Les devoirs du premier degré* (*bien non-neutre réel*) sont sa conservation, le respect qui lui est dû, les précautions prises pour écarter d'elle tout ce qui peut l'affaiblir ou la détourner du but moral qu'elle doit poursuivre.

B) *Les devoirs du deuxième degré* (*bien non-neutre conventionnel*) sont le développement sagement poursuivi de sa force, de son énergie pour la lutte bienfaisante, l'effort fait pour l'empêcher de dégénérer en entêtement aveugle et les soins qu'il faut prendre pour éclairer son action.

C) *Les devoirs du troisième degré* (*bien neutre*) sont l'amour de l'action et des bonnes actions ; le vif désir d'acquérir une volonté de plus en plus forte, de ne pas laisser sans emploi ce puissant facteur de toute vie vraiment morale, le désir ardent de transformer cette volonté en bonne volonté éprise de bien et de vertu.

2. Pourquoi faut-il accomplir ces devoirs ?

Il faut accomplir ces devoirs parce que sans la volonté l'homme est incapable de se diriger lui-même, de se bien conduire et de réaliser le but de sa vie ; parce qu'il est le jouet de ses passions et de ceux qui l'entourent. Son existence se passe en bonnes intentions, à désirer le bien sans pouvoir le faire.

Pourquoi positif : parce que la loi morale demande l'activité dans le bien par respect de la vie.

Pourquoi intime : parce que la raison veut que l'on fasse preuve de volonté dans la conduite de la vie ; parce que Dieu nous a donné une volonté pour que nous puissions nous en servir pour faire le bien... parce que... etc.

3. Comment doit-on accomplir ces devoirs ?

A) *Les devoirs du premier degré* (*autorité définitive*) : en évitant la peur, la lâcheté, l'indécision, l'impatience, l'esprit de routine et d'imitation servile, l'oisiveté et la paresse physique et intellectuelle.

B) *Les devoirs du deuxième degré* (*autorité provisoire*)

en accomplissant chaque jour des actes libres, voulus ;
en recherchant l'occasion de déployer son courage, son
sang-froid, sa présence d'eseprit ; en s'efforçant d'être pa-
tient, persévérant dans les divers travaux auxquels on
se livré en qualité d'écolier, d'ouvrier, de fonctionnaire,
etc.; en étant exact, appliqué, attentif ; en développant
en soi l'esprit d'initiative. Le travail personnel, non com-
mandé, est la meilleure école de la volonté.

c) *Les devoirs du troisième degré* (*liberté*) : en mettant
sa volonté au service de sa raison pour établir en lui
le règne de l'ordre et parachever par son action régula-
trice l'éducation de toutes ses facultés physiques, intellectuelles et morales déjà développées dans l'équilibre moral.

**4. Quels sont les conflits qui peuvent se présenter et com-
ment y mettre fin.**

La volonté est constamment aux prises avec les difficultés du devoir
dans ses trois degrés. C'est elle qui met un terme à tous les conflits
du devoir en agissant dans un sens ou dans l'autre. On peut en découvrir de multiples exemples dans chaque catégorie des devoirs pratiques.

1° Vous êtes chargé de famille et vous êtes maladif. Votre devoir est
de ménager vos forces. Or, pour assurer une nourriture convenable
aux vôtres et les entretenir, il serait nécessaire de vous livrer à des
travaux supplémentaires. Que ferez-vous ?

V

Devoirs envers notre liberté

Notre responsabilité n'est pas seulement engagée dans
l'accomplissement de nos devoirs envers notre corps, notre
intelligence, notre sensibilité et notre volonté ; elle s'étend
aussi à notre liberté, sans la possession de laquelle il
n'est pas d'actions morales, pas de dignité humaine possibles.

**1. Quels sont les devoirs des trois degrés d'un homme
envers sa liberté ?**

A) *Les devoirs du premier degré* (*bien non-neutre réel*)
sont le respect de sa liberté instinctive, réfléchie et volontaire, le respect de sa personnalité et le souci constant
de leur conservation.

B) *Les devoirs du deuxième degré* (*bien non-neutre conventionnel*) sont le développement de sa liberté intime
considérée dans le jeu de ses organes et l'usage de ses
facultés ; le développement de sa liberté extérieure pour
atteindre à la plus grande liberté qui est la liberté normale ou liberté dans la recherche du bien.

c) *Les devoirs du troisième degré* (*bien neutre*) sont les devoirs d'amour : il ne suffit pas d'avoir la liberté, il faut l'aimer ardemment et la défendre contre les entreprises de ses propres passions et les entreprises des autres hommes.

2. Pourquoi faut-il remplir ces devoirs ?

Il faut que l'homme remplisse ces devoirs parce que sans la liberté il ne serait pas un homme véritable, il descendrait au niveau de l'esclave, de l'animal ; il ne serait plus responsable de sa conduite, ses actions n'auraient plus aucune valeur morale ; parce que, à chaque instant, il risque d'aliéner son moi, sa dignité (qui font sa grandeur morale) de deux manières ; 1° en souffrant que les autres y portent atteinte, 2° en y portant atteinte lui-même.

Pourquoi positif : parce que la loi morale ne peut être obéie par celui qui ne jouit pas de sa liberté ou qui n'en use pas pour le respect de la vie.

Pourquoi intime : parce que la raison ne serait d'aucune utilité sans la liberté ; parce que Dieu... parce que...

3. Comment doit-on accomplir ces devoirs ?

A) *Les devoirs du premier degré (autorité définitive) :* 1° en évitant, vis-à-vis de soi, les passions, la paresse, l'oisiveté, le jeu, les dettes, les mauvaises habitudes, la mollesse, la passivité ; 2° en évitant, vis-à-vis des autres, les bassesses, la flatterie, le servilisme.

B) *Les devoirs du deuxième degré (autorité provisoire) :* en cherchant à acquérir une plus grande liberté : 1° en développant son esprit critique, en luttant contre les passions qui se sont implantées en lui ; en fortifiant sa santé physique, sa raison, ses bons sentiments et surtout en rendant sa volonté maîtresse d'elle-même ; 2° en répondant aux menaces, aux injures, en résistant à l'oppression, en travaillant, en économisant pour acquérir une situation indépendante, en accomplissant tous ses devoirs puisque la liberté normale est l'effort constant fait pour instaurer le bien en soi et hors de soi.

C) *Les devoirs du troisième degré (liberté) :* en aimant suffisamment la liberté pour lui sacrifier tous ses biens matériels périssables, son aisance, son confort, son bien-être, sa tranquillité et même sa vie, s'il était nécessaire ; en gardant toujours intact son droit à la critique.

4. Quels sont les conflits qui peuvent se présenter et comment y mettre fin ?

1° Votre devoir est d'assurer le bien-être de votre famille. Vous êtes modeste ouvrier dans une usine. On vous offre une bonne place à la condition que vous défendiez les idées du patron qui ne sont pas les vôtres. Que ferez-vous ?

2° Vous avez un enfant intelligent. Vous n'êtes pas assez aisé pour le faire instruire. On vous propose de lui faire continuer ses études dans une voie opposée à celle que vous voudriez lui voir prendre. Que ferez-vous : 1° si votre fils partage votre manière de voir ; 2° s'il ne la partage pas ?

Remarque sur les devoirs individuels. — Les devoirs individuels sont la base de tous les autres devoirs. Tous les devoirs envers autrui sont en germe dans l'égoïsme. L'homme, en effet, serait incapable de remplir des devoirs dont il ne comprendrait pas la signification, sans l'expérience acquise en remplissant ses devoirs envers lui-même. La morale de la vie fait justice, d'un coup, de toutes les boutades lancées contre le désintéressement et de tous les reproches qu'on adresse à l'égoïsme, l'égoïsme normal étant inhérent à la vie.

DEUXIÈME PARTIE

Devoirs envers autrui et Devoirs particuliers aux Groupes Familial, Scolaire, Professionnel

---

> Un seul devoir résume tous les autres : le respect de la vie. Celui qui tue se condamne à mort lui-même.
> Le respect de la vie dans les autres est le fondement sacré des devoirs généraux d'homme à homme ou devoirs d'humanité.

Nous n'avons pas seulement des devoirs envers nous-mêmes. Nous avons d'autres devoirs à remplir envers tous les autres hommes quelle que soit la partie du monde où ils habitent, quelles que soient leur race et leur couleur, quel que soit le groupe national auquel ils sont agrégés. Ce sont les devoirs généraux de tout être humain à l'égard de tout autre être humain, devoirs auxquels nous ne pouvons nous soustraire sans déchoir. On distingue dans les devoirs sociaux, comme dans les devoirs individuels, des devoirs envers le corps, envers l'intelligence, la sensibilité, la volonté, la liberté et envers les biens matériels et moraux ; dans chacune de ces catégories, on retrouve les devoirs des trois degrés : premier degré (justice) ; deuxième degré (solidarité, charité) ; troisième degré (fraternité, amour). Ces devoirs ont pour but de former l'homme sociable.

I

Devoirs généraux d'homme à homme

1. Quels sont les devoirs des trois degrés d'un homme envers un autre homme ?

A) *Les devoirs du premier degré (bien non-neutre réel)* sont les devoirs de justice dus à la personne d'autrui et qui commandent de ne rien faire qui puisse porter atteinte à la conservation de son corps, de son âme, de sa liberté ; de ses divers biens extérieurs ; ce que les moralistes ont traduit par la maxime « Ne fais pas aux autres ce que tu ne voudrais pas qu'on te fît à toi-même. »

B) *Les devoirs du deuxième degré (non-neutre conventionnel)* sont les devoirs de solidarité ou de charité et d'entr'aide qui commandent de contribuer au développement d'autrui selon la manière indiquée au chapitre des devoirs individuels : aide au développement de son corps, de sa sensibilité, de son intelligence, de sa volonté, de son bien-être, de sa liberté, de son instruction, de son éducation.

C) *Les devoirs du troisième degré (bien neutre)* sont les devoirs de fraternité ou d'amour qui commandent d'ajouter à notre égoïsme normal l'altruisme le plus étendu et la sympathie la plus agissante et la plus désintéressée.

2. Pourquoi faut-il remplir ces devoirs ?

Il faut remplir ces devoirs : 1° parce que, sans le respect des autres, la vie en commun serait impossible. Le droit du plus fort, du plus habile ou du moins scrupuleux règnerait en maître et le faible serait bien malheureux. Nous retournerions vite à l'état barbare ; un peuple civilisé a besoin de justice et de sécurité. — 2° parce que nous avons tous besoin les uns des autres, que nous le voulions ou non, non seulement de ceux qui nous entourent, mais de l'humanité toute entière. Nous sommes les obligés de tous ceux qui nous ont précédé et de nos contemporains aussi bien au point de vue matériel et économique qu'au point de vue intellectuel et moral. Nous sommes tous plus ou moins solidaires les uns des autres ; le respect de la vie doit être poussé jusqu'à aider autrui autant qu'on le peut. — 3° Parce que nous avons aussi besoin d'affection et d'amour en même temps que de secours matériels ; la justice et la solidarité ne suffisent pas à notre cœur, le respect de la vie dans les autres doit aller jusqu'à les aimer.

Pourquoi positif : parce que la loi morale nous ordonne le respect de la vie complète dans les autres aussi bien qu'en nous-mêmes, respect qui nous conduit à dépasser la justice pour les aider à réaliser leur développement et leur perfectionnement physiques, intellectuels et moraux ;

Pourquoi intime : parce que la conscience et la raison commandent la conservation de la vie des autres, l'entr'aide et l'amour ; parce que Dieu nous impose les mêmes devoirs ; parce que...

3. Comment faut-il remplir ces devoirs ?

A) *On remplit les devoirs du premier degré (envers autrui (autorité définitive) :*

1° *Envers son corps* : en s'interdisant de tuer volontairement hormis le cas de légitime défense (la peine de mort infligée par la société s'explique par le besoin de défense) (1) ; le duel est dégradant, criminel, à l'égal d'un acte de bandit ; la guerre est un pis-aller ; (la guerre défensive seule est légitime) ; en s'interdisant de frapper les autres (coups et blessures) ; en évitant les imprudences qui causent la mort ou les infirmités d'autrui (charron qui fait mal une roue, forgeron qui laisse une paille dans un anneau de chaîne, excès de vitesse d'un conducteur d'automobile, mineur qui fume dans une mine grisouteuse, abandon de poste devant l'ennemi, etc.) ; en vendant aux consommateurs des marchandises saines, de bonne qualité (ce sont des meurtriers aussi les commerçants peu scrupuleux qui vendent des produits frelatés, les « mercantis » qui font augmenter le prix des denrées, « tous ceux qui font endurer aux autres des chagrins, des souffrances imméritées et répétées qui altèrent leur santé).

2° *Envers la sensibilité* : en n'imposant pas nos goûts à nos voisins, en ne prenant pas toutes nos aises à leur détriment ; en ne contrariant pas sans nécessité les sentiments d'autrui, ses désirs, ses préférences, en ne refusant pas les égards qu'on lui doit ; en ne se moquant pas de ses infirmités ou de son manque d'intelligence ; en évitant d'être grossier dans sa tenue, ses paroles, brutal dans ses manières, etc.;

---

(1) Notre compromis de la peine de mort apporte une solution logique et morale : Tout homme qui tue directement ou qui provoque indirectement et volontairement la perte de la vie (et dans ce dernier cas nous range l'imprudence voulue) des autres se condamne à mort lui-même par cet acte : mais avant de supprimer le condamné, la société permet à celui-ci de choisir entre la mort et la réparation, sans condition réciproque, qui lui sera imposée.

3° *Envers son intelligence :* en ne mentant jamais, en ne trompant jamais, en ne manquant pas à notre parole ; en n'imposant pas par la force nos opinions ou l'adhésion à nos croyances (l'intolérance est toujours odieuse) ; en respectant toutes les croyances sincères ;

4° *Envers sa liberté et sa volonté :* en n'obligeant pas les autres à faire ce qui leur répugne, à obéir aveuglément comme des esclaves, en les traitant comme des choses, non comme des hommes (le patron qui impose des conditions trop dures à ses ouvriers ; le chef qui exige de ses subordonnés telles opinions politiques et religieuses qui lui plaisent, l'ouvrier qui profite de la gêne de ses patrons portent atteinte à la liberté d'autrui) ;

5° *Envers les biens matériels et moraux :* A) en s'interdisant de détruire, de voler, de marauder, de braconner, de frauder, de garder les objets trouvés, d'employer de faux poids, de fabriquer de la fausse monnaie, de tricher au jeu, etc. — B) en respectant l'honneur des autres, leur réputation ; en ne leur enlevant pas une bonne renommée acquise par toute une vie de dignité ; en ne médisant pas, en ne calomniant pas : les effets de la médisance et de la calomnie sont terribles ; en n'écoutant jamais ceux qui s'y livrent.

B) *Les devoirs du deuxième degré (autorité provisoire) .* 1° en nous pliant aux nécessités de la solidarité sociale ; en étant bons ouvriers et bons patrons. ; en nous livrant au travail d'une manière assidue ; en faisant partie du plus grand nombre d'associations possible (sociétés amicales, sociétés de secours mutuels, de retraite, de constructions à bon marché, de coopératives, de syndicats, de sociétés d'éducation physique, etc.), en payant nos dettes ;

2° En prêtant assistance aux autres :

Assistance matérielle : aide aux malheureux en leur fournissant de la nourriture, des vêtements, un logis pour leur permettre de conserver leur santé ; en favorisant le développement de leur corps par l'éducation physique ; en aidant tous ceux qui nous entourent dans leurs divers travaux.

Assistance intellectuelle : en répandant autour de nous l'instruction, les bons journaux, les bons livres ; en fournissant aux écoliers pauvres tout ce qui est indispensable à leurs études ; en créant des sociétés d'entr'aide mutuelle, des sociétés musicales, des bibliothèques, des salles de lecture, etc., en un mot en favorisant l'éducation de leur esprit.

Assistance morale : en donnant aux autres le bon exemple, des avis justes, des conseils éclairés, en prodiguant les bonnes paroles et les consolations, en favorisant l'éducation du cœur.

E) *Les devoirs du troisième degré (liberté)* : en dépassant la justice et la solidarité pour s'élever à la pratique de la fraternité, c'est-à-dire à la bonté, à l'amour, au désintéressement, à la reconnaissance.

Celui qui donne doit rechercher l'union, la concorde ; il doit faire preuve de bienveillance, d'indulgence, de clémence et savoir parfois pratiquer le pardon. S'il s'élève jusqu'au dévouement, jusqu'au sacrifice en donnant non seulement son temps, sa peine, ses biens, son bien-être, mais aussi sa tranquillité, son bonheur, sa vie, il atteint à la forme supérieure de la fraternité, au faîte de la vie morale.

Celui qui donne doit manifester, à ceux à qui il donne, de la bonté en tout ce qui concerne leur cœur et leur sensibilité (douceur, politesse), leur intelligence (favoriser leur éducation, le développement de leur raison), leur liberté (ne pas permettre qu'on les opprime, ne pas les obliger à se rabaisser devant lui sous prétexte de reconnaissance), leurs biens matériel et moraux (aide, défense contre la médisance et la calomnie).

Celui qui reçoit doit être reconnaissant, déférent, sans cesser d'être digne.

Celui qui donne et celui qui reçoit se doivent une égale affection, une parfaite réciprocité de sympathie et d'amour.

4. Quels sont les conflits qui peuvent se présenter et comment y mettre fin ?

1. Je suis employé dans une maison d'alimentation. Je m'aperçois que mon patron vend certains produits frelatés susceptibles d'occasionner des troubles physiologiques chez ceux les absorbant. Que dois-je faire ?

2. Mon meilleur ami voudrait que je partage sa haine à l'égard d'une personne qui ne la mérite pas. Quel est mon devoir ?

3. Deux hommes sont en danger de mort ; l'un est jeune et père d'un enfant en bas âge ; l'autre est âgé et père d'une nombreuse famille ; par lequel faut-il commencer le sauvetage ?

II

Devoirs dans le groupe familial

La famille est une petite société naturelle indispensable à l'enfant. C'est la réunion des personnes unies par des liens de parenté. Elle se compose d'abord du père, de la mère et des enfants. Elle comprend encore les grands-parents, les oncles, les tantes, les cousins, les cousines.

Le père est le chef de la famille ; la mère partage son autorité. Les orphelins sont les enfants qui ont perdu leur père ou leur mère, ou tous les deux. L'esprit de famille se manifeste par l'amour des enfants envers leurs parents, l'amour paternel et maternel, la piété filiale, les bonnes relations entre frères et sœurs, le dévouement des uns pour les autres et le respect du nom que l'on porte.

Les devoirs des membres du groupe familial comprennent les devoirs entre mari et femme, entre parents et enfants, entre frères et sœurs, entre parents quelconques. Nous ne parlerons pas des premiers. Les devoirs familiaux renferment tous les devoirs d'homme à homme, tous les devoirs envers autrui. Ils renferment aussi quelques devoirs particuliers au groupe familial. On pourrait, pour éviter des redites, ne parler que de ces derniers et réduire ainsi ce chapitre à quelques lignes. Mais nous croyons préférable, en tous cas plus pédagogique, de répéter les devoirs pour mieux les graver dans l'esprit et le cœur des enfants.

Devoirs des parents

1. Quels sont les devoirs des trois degrés des parents envers leurs enfants ?

A) *Les devoirs du premier degré* (*bien non-neutre réel*) sont la conservation de leur vie, de leur santé physique, intellectuelle et morale ainsi que l'égalité de traitement vis-à-vis de tous les enfants ; de respect dû à leur vie et à leurs facultés.

B) *Les devoirs du deuxième degré* (*bien non-neutre conventionnel*) sont les devoirs de développement des qualités physiques, intellectuelles et morales des enfants pour les amener au plus haut degré de force et de perfection, pour les rendre aptes à la vie individuelle et sociale complète.

C) *Les devoirs du troisième degré* (*bien neutre*) sont les devoirs d'affection, d'amour, de bonté qui font éclore les bons sentiments chez l'enfant, qui conduisent les parents au dévouement, au sacrifice, au sommet de la Vertu.

2. Pourquoi faut-il remplir ces devoirs ?

Il faut remplir ces devoirs pour de multiples raisons : parce que celui qui a donné la vie à un être est tenu, rigoureusement, de la lui conserver intacte puisque chaque être a droit à la vie. S'il manquait à ce devoir, il commettrait un véritable crime et la société aurait le droit de le punir avec une autorité définitive et de se substituer à lui ;

Parce que le tout jeune enfant ne peut vivre sans l'assistance, sans le secours total de ses parents, sans les soins les plus assidus et les plus attentifs qui lui sont prodigués de jour et de nuit ; parce que sans leur surveillance étroite celui-ci serait fatalement voué à des accidents graves qui entraîneraient ou les infirmités ou la mort ;

Parce que le devoir de tout homme est d'aider à la conservation, au développement intellectuel et moral des autres et, à plus forte raison, de ses propres enfants dont il est le protecteur naturel.

Pourquoi positif : parce que la loi morale veut qu'on protège la vie des enfants, qu'on forme leur jugement et leur personnalité.

Pourquoi intime : parce que la raison le prescrit et que la conscience l'impose ; parce que Dieu le commande ; parce que...

3. Comment faut-il accomplir ces devoirs ?

A) *Les devoirs du premier degré (autorité définitive)* :

1° *Avant la conception*, par les soins que le père et la mère apportent à leur santé ;

2° *Pendant la gestation*, par la vie régulière et normale de la mère ; donner des soins à la mère, c'est fortifier l'enfant ;

3° *Pendant l'allaitement* et plus tard en lui évitant les mauvais traitements, les privations ou l'excès contraire, les rebuffades sans raison, les gronderies et les punitions sans nécessité ; en ne le laissant pas croupir dans la malpropreté et l'immobilité ; en écartant de lui tout ce qui pourrait être un danger pour son corps et son âme, en lui montrant l'exemple de la vertu ; en ne le privant pas des naïfs amusements qui font le bonheur des tout petits ; en veillant sur lui à mesure qu'il grandit pour lui éviter les heurts ou les désillusions trop cruels.

4° *S'il y a plusieurs enfants* en ne faisant pas de préférence entre eux, en ne commettant pas d'injustice envers les uns au profit des autres ; en n'éveillant pas en eux le sentiment de la jalousie ; tous ont droit aux mêmes égards et au même amour.

B) *Les devoirs du deuxième degré (autorité provisoire) :* en ne se contentant plus de protéger leur vie, leur croissance naturelle, mais en travaillant assidûment à éduquer, à fortifier, à développer leurs facultés diverses d'après les principes de la méthode alternative et de la morale indépendante, car les parents, s'ils ont des devoirs plus sévères, n'ont pas d'autres droits que ceux qui sont concédés à une personne quelconque, à l'égard d'une autre personne par la loi morale et ses deux critériums. Ils ne doivent, en aucun cas, abuser de leur autorité, de leur force contre la faiblesse enfantine.

En prodiguant à leurs enfants des soins matériels éclairés : nourriture abondante et saine, propreté corporelle, vêtements nets et chauds, hygiène du corps ; en les mettant à même de jouer, de faire de la gymnastique, de travailler selon leur force, sans excès.

En donnant et en faisant donner des soins à leur âme par l'instruction et l'éducation ; en leur inculquant, avec une autorité définitive, les vérités, les connaissances, les devoirs du premier degré qui sont du domaine du non-neutre réel ; avec une autorité provisoire, moins absolue, les vérités, les connaissances et les devoirs contingents du deuxième degré qui appartiennent au domaine du non-neutre conventionnel ; en enseignant, mais en laissant l'enfant libre de choisir, les vérités, les connaissances, les devoirs du troisième degré qui appartiennent au domaine du neutre sinon en ce qui concerne l'amour humain, mais l'amour de l'Inconnaissable ; en éduquant les facultés de la même manière, c'est-à-dire par des exercices, des préceptes, des exemples des trois degrés.

c) *Les devoirs du troisième degré (liberté)* : par l'affection et l'amour, par les caresses ; mais il ne faut pas que cet amour se traduise par un excès de soins, ce qui forme des enfants efféminés et mous ; par de la faiblesse, ce qui forme des enfants gâtés, des despotes, par de la tyrannie dans l'obéissance, ce qui forme des êtres sans volonté qui seront plus tard victimes de ce manque d'éducation virile.

D) *Héritage.* — Les parents ont-ils le droit de laisser un héritage de biens matériels, extérieurs à leurs enfants? Sans nul doute : ils doivent leur assurer un minimum de biens matériels. Cette solidarité posthume est absolument naturelle et légitime.

Remarque. — Les tuteurs (individus ou sociétés) ont les mêmes devoirs que les parents vis-à-vis des enfants dont ils ont la charge.

4. Quels sont les conflits qui peuvent se présenter et comment y mettre fin ?

1. Un fils s'est rendu coupable d'un vol que tout le monde ignore. Un innocent est arrêté à sa place. Que doivent faire le père et la mère ?

2. Des parents ont deux fils également intelligents, sérieux et travailleurs. On ne peut les faire instruire tous deux. Et pour faire instruire l'un, il faut sacrifier l'avenir de l'autre. Où est le devoir des parents ?

Devoirs des enfants

1. Quels sont les devoirs des trois degrés des enfants envers leurs parents ?

3) *Les devoirs du premier degré (bien non-neutre réel)* sont les devoirs de justice ou de respect ; respect des parents dans leur vie complète, dans leur corps, leur intelligence, leur cœur, leur volonté, dans leurs opinions, leurs croyances, leur conscience, ne rien faire qui puisse les diminuer.

B) *Les devoirs du deuxième degré (bien non-neutre conventionnel)* sont les devoirs de solidarité, d'entr'aide, d'assistance matérielle, intellectuelle et morale. Tout faire pour augmenter leur développement vital, leur bonheur...

C) *Les devoirs du troisième degré (bien neutre)* sont les devoirs d'amour, de dévouement, de sacrifice. Entourer ses parents d'une atmosphère d'affection douce et clairvoyante qui leur permette de jouir du Beau, du Bien, du Vrai en action.

D) *Les devoirs mixtes* qui se rattachent à la fois aux trois degrés du devoir ou devoirs complets sont les devoirs de reconnaissance et d'obéissance dans lesquels il y a séparément ou à la fois de la justice, de la solidarité, de l'amour.

2. Pourquoi faut-il remplir ces devoirs ?

Il faut les remplir pour de multiples raisons particulières lesquelles se rattachent plus ou moins directement à la raison initiale.

1º *analyse :* parce qu'ils sont plus âgés que nous, qu'ils ont plus d'expérience que nous ; parce qu'ils nous aiment plus qu'eux-mêmes ; parce qu'ils ont travaillé pour nous, parce qu'ils nous ont choyés lorsque nous étions jeunes, faibles, sans expérience et sans raison, incapables de gagner notre vie ; parce qu'ils nous ont fait instruire et nous ont donné une bonne éducation, parce qu'ils nous ont donné de sages conseils et montré l'exemple du Travail et de la Vertu ; parce qu'ils se sont dévoués pour faire de nous des hommes.

2º *Synthèse :* parce qu'ils nous ont donné la vie, parce qu'ils ont tout fait pour nous la conserver, pour la développer et la perfectionner.

3º *Critérium :* parce que le devoir de tout homme envers les autres et à « fortiori » d'un fils envers son père et sa mère est de respecter leur vie dans sa conservation, dans son développement et sa perfection ; parce que le bien terrestre idéal, c'est la vie complète ; parce que le bien fondamental c'est la vie en puissance.

Pourquoi positif : parce que la loi morale nous commande de faire le bien et de respecter la vie.

Pourquoi intime : parce que Dieu veut...; parce que...

3. Comment faut-il remplir ces devoirs ?

A) *Les devoirs du premier degré (autorité définitive) :* en évitant tout ce qui pourrait s'opposer à leur développement vital ; en ne les privant pas des biens matériels qu'ils possèdent ; en ne les laissant pas dans la nécessité : en ne nous riant pas de l'insuffisance de leur savoir ; en ne les traitant pas en égaux ; en reconnaissant leur légitime autorité ; en ne les critiquant pas ; en ne rougissant pas de leur profession, de leur parenté ; en ne nous moquant pas d'eux à cause de leurs défauts, de leurs opinions, de leurs croyances, de leur culte ; en leur marquant, en toute occasion, de la politesse et de la déférence.

B) *Les devoirs du deuxième degré (autorité provisoire) :* en les aidant dans leurs travaux de la maison, des champs, de l'atelier ; en prenant part à leurs joies, à leurs chagrins ; en leur fournissant, lorsqu'ils sont vieux, le logis et la nourriture ; en facilitant l'activité de leur intelligence par la lecture et en les faisant profiter de notre savoir ; en facilitant le libre exercice de leurs croyances et de leur foi ; en les défendant lorsqu'ils sont injustement attaqués.

c) *Les devoirs du troisième degré (liberté) :* par les caresses, les baisers, les paroles aimables, l'affection ; en cherchant toutes les occasions de leur faire plaisir par des soins, des attentions délicates ; en leur accordant une entière confiance, en ne faisant rien d'important sans leur demander leur avis ; en écoutant leurs conseils sans impatience ; en supportant doucement leurs défauts ; en nous dévouant pour eux qand ils sont malades ou infirmes.

D) *Les devoirs mixtes : La reconnaissance* en accomplissant les devoirs ci-dessus et, de plus, en nous souvenant toujours des bienfaits reçus et en les payant de retour autant que nous le pouvons ; celui qui laisse souffrir ses parents est un ingrat, un parricide. — *L'obéissance* en faisant ce qu'ils nous commandent, de suite, sans discuter, de bon cœur, avec bonne humeur, volontairement. Désobéir à ses parents, c'est leur montrer qu'on ne les aime pas, qu'on ne les respecte pas, qu'on ne reconnaît pas leurs bienfaits.

4. Quels sont les conflits qui peuvent se présenter et comment peut-on y mettre fin ?

1. Un enfant est poussé à prendre parti entre son père et sa mère qui sont en opposition d'opinion, de croyance, d'intérêt, de caractère, se querellent, divorcent... Que doit-il faire ?

2. Le père ordonne une mauvaise action ; la mère l'interdit ou vice-versa : à qui obéir ?

3. Le père et la mère ordonnent une mauvaise action. Que faire ?

4. L'enfant ne partage pas les opinions de ses parents ; il ne partage pas leurs croyances. Les parents veulent les lui faire partager. Comment se tirera-t-il d'embarras ?

5. L'enfant a des parents malhonnêtes et cependant pleins d'affection pour lui. Son cœur est partagé entre la reconnaissance qu'il leur doit et la répulsion que lui inspirent leurs mauvaises actions. Que doit-il faire ? Les quitter ou continuer de vivre avec eux ; les dénoncer ou cacher leurs fautes ?

6. Un fils, placé entre sa femme qu'il chérit et sa mère qu'il aime tendrement est mis, par celle-ci, en demeure de choisir entre leurs deux affections. Que doit faire le fils ?

Devoirs des frères et des sœurs entre eux

1. Quels sont les devoirs des trois degrés des frères et des sœurs entre eux ?

A) *Les devoirs du premier degré (bien non-neutre réel)* sont les devoirs mutuels de justice, de conservation et de respect.

B) *Les devoirs du deuxième degré (bien non-neutre conventionnel)* sont les devoirs mutuels de solidarité et d'entr'aide, de protection des aînés et d'assistance des cadets.

C) *Les devoirs du troisième degré (bien neutre)* sont les devoirs réciproques d'affection et d'amour.

D) *Les devoirs mixtes* sont ceux de reconnaissance des uns à l'égard des autres, d'obéissance aux cadets à l'égard des aînés.

2. Pourquoi doivent-ils accomplir ces devoirs ?

Ils doivent accomplir ces devoirs :

1° Parce qu'ils aiment les mêmes parents d'une égale affection ; parce qu'ils vivent ensemble sous le même toit ; parce qu'ils jouent ensemble, souffrent et sont joyeux ensemble et parce qu'ils reçoivent les mêmes soins ; parce que tout être a droit au respect et à la conservation de sa vie, à la politesse, à la déférence.

2° Ils se doivent l'entr'aide parce qu'ils constituent une association mutuelle où l'on a besoin les uns des autres ; les aînés doivent protection aux plus jeunes parce qu'ils sont plus forts qu'eux, plus instruits, ont plus d'expérience, remplacent les parents lorsque ceux-ci sont absents et deviennent ainsi chefs de famille ; les plus jeunes doivent obéissance aux plus âgés pour des raisons identiques.

3° Parce que la famille est le cadre naturel et nécessaire où se forment l'esprit et le cœur, où l'âme s'ouvre à la bonté, à l'amour et où il est indispensable de se souvenir des bienfaits reçus.

Pourquoi positif : parce que la loi morale veut qu'on accomplisse ces divers devoirs par respect de la vie.

Pourquoi intime : parce que la raison et la conscience nous montrent que ces devoirs sont indispensables ; parce que Dieu...

3. Comment doivent-ils remplir ces devoirs ?

A) *Les devoirs du premier degré (autorité définitive) :* Les aînés en protégeant les plus jeunes, en les prémunissant contre les dangers qu'ils ignorent, en leur évitant les chagrins ; les jeunes, en se laissant guider, en écoutant les bons conseils ; tous en maintenant l'égalité entre eux ; tous les frères, en ayant beaucoup de ménagements, de respect, d'égards pour leurs sœurs qui sont plus faibles et plus délicates.

B) *Les devoirs du deuxième degré (autorité provisoire) :* Les aînés en prévenant les désirs des cadets, en leur prodiguant les soins matériels nécessaires à leur développement physique, en les aidant à faire leurs petits travaux ; les jeunes en faisant ce qu'on leur commande, en cherchant à être utiles ; tous en évitant l'égoïsme, en partageant leurs jouets et leurs friandises ; en se rendant des services réciproques avec empressement et bonne humeur.

C) *Les devoirs du troisième degré (liberté) :* Les aînés en consolant les plus jeunes de leurs petites peines, en étant bons, bienveillants, tendres ; les jeunes en rendant les caresses affectueuses des aînés ; tous en vivant dans la concorde et la paix ; tous les frères en ayant une plus grande tendresse pour leurs sœurs.

4. Quels sont les conflits qui peuvent se présenter et comment y mettre fin ?

1. Mes deux frères me demandent de leur venir en aide en même temps : l'un pour acquitter une dette de jeu, l'autre, forcé à un long chômage, pour pouvoir nourrir sa nombreuse famille. Je ne puis en aider qu'un. Lequel et pourquoi ?

2. Une mauvaise action a été commise par mon petit frère. Mes parents, qui croient que j'en suis l'auteur, me punissent. Mon frère garde le silence sur sa culpabilité. Où est mon devoir ?

Extension de ces devoirs aux grands-parents
et à tous les membres de la famille en général

Les devoirs que nous remplissons envers nos parents, nous devons les remplir, et plus scrupuleusement encore, envers nos grands-parents qui sont plus faibles, plus vieux que nos parents et ont souvent des infirmités qui les rendent incapables de satisfaire par eux-mêmes à leurs besoins les plus immédiats.

Nous avons aussi à remplir ces mêmes devoirs de justice, de solidarité et de fraternité, avec moins de rigueur peut-être, envers nos oncles, nos tantes, nos cousins et nos cousines.

III

Devoirs dans le groupe scolaire

L'école est un établissement où se réunissent les élèves ou écoliers pour recevoir l'instruction. Les écoliers forment ensemble une grande famille dont l'instituteur est le chef.

Les devoirs dans le groupe scolaire comprennent les devoirs du maître envers ses élèves ; des élèves envers leur maître, des élèves entre eux ; des élèves envers l'école. Comme dans les autres groupes, ces devoirs comprennent tous les devoirs généraux d'homme à homme et des devoirs particuliers.

Devoirs du maître envers ses élèves

1. Quels sont les devoirs des trois degrés d'un maître envers ses élèves.

A) *Les devoirs du premier degré (bien non-neutre réel)* sont d'abord des devoirs négatifs de justice et de conservation, de respect, les soins de propreté et d'hygiène qui consistent à écarter de l'enfant tout ce qui peut nuire à son libre développement, nuire à son instruction et à son éducation.

B) *Les devoirs du deuxième degré (bien non-neutre conventionnel)* sont les devoirs de solidarité et de développement des facultés qui consistent à donner aux enfants une instruction suffisante et une bonne éducation par un travail régulier et intelligent.

C) *Les devoirs du troisième degré (bien neutre)* sont les devoirs inspirés par l'affection, le zèle, le dévouement du maître.

2. Pourquoi l'éducateur doit-il accomplir ces devoirs ?

Il doit accomplir ces devoirs parce qu'il est le délégué des parents et de la société dont il a la confiance ; parce qu'il est chargé par eux d'une grande part dans l'œuvre d'éducation ; parce que s'il trahissait cette confiance et manquait à sa haute mission, il causerait un préjudice énorme non seulement à chaque individu en particulier, mais à la société tout entière, à la France elle-même ; parce que fausser l'éducation des enfants, ce serait commettre un véritable crime contre la civilisation, le progrès et la personnalité humaine.

Pourquoi positif : parce que le non-développement des facultés est antinaturel et condamné par la loi morale qui commande, au contraire, l'acquisition du plus grand bien vital et le perfectionnement continu de l'homme.

Pourquoi intime : parce que la raison le veut et que la conscience le demande…, parce qu'il ne serait pas agréable à Dieu de manquer à ces devoirs… parce que…

3. Comment doit-il remplir ces devoirs ?

A) *Les devoirs du premier degré (autorité définitive) :* en veillant à la propreté des locaux scolaires, à l'aération des classes, à l'entretien du matériel scolaire ; en exigeant la propreté du corps et des habits des élèves ; en ne les soumettant pas à un travail intellectuel exagéré, à des mouvements et à des exercices manuels nuisibles, en les tenant à l'écart de tout ce qui peut corrompre leur esprit et leur cœur ; en ne les décourageant pas dans leurs efforts ; en respectant en eux leur personnalité naissante, leurs qualités natives ; en ne leur enseignant que des vérités, des connaissances et des devoirs du premier degré.

B) *Les devoirs du deuxième degré (autorité provisoire) :* en obligeant l'enfant à faire effort, à obéir, en l'instruisant et en éduquant ses facultés d'après les règles de la méthode alternative, c'est-à-dire en faisant constamment appel à l'autorité impersonnelle de la loi civile, de la loi morale, du règlement et jamais à l'autorité personnelle ; en lui inculquant les connaissances du premier degré avec une autorité définitive, celles du deuxième degré avec une autorité provisoire et celles du troisième degré en laissant à l'enfant le libre choix entre elles ; en donnant l'exemple de la ponctualité dans le travail, de la bonne tenue ; en ayant le souci constant de mériter la confiance des enfants.

c) *Les devoirs du troisième degré (liberté) :* en agissant comme un père à l'égard de ses enfants ; en les aimant, en s'efforçant de se faire aimer d'eux ; en poussant quelquefois, bien que nul n'y soit tenu, le devoir au-delà des limites du règlement et en se donnant tout entier à sa tâche. Pour former un cœur, il faut l'émouvoir, et pour l'émouvoir il faut l'aimer ; les bons sentiments naissent et se développent au contact d'une sympathie active et douce.

4. Quels sont les conflits qui peuvent se produire et comment y mettre fin ?

1. Un élève a une croyance que le maître juge dangereuse. D'un côté, le devoir du maître est d'éclairer l'esprit de l'élève ; de l'autre, de respecter sa conscience. Que doit faire le maître et pourquoi ?

2. Le devoir du maître est d'apprendre aux enfants le respect de leurs parents. Un élève reçoit le mauvais exemple de son père et de sa mère ; que doit faire le maître vis-à-vis de cet élève ?

Devoirs des élèves envers leurs maîtres

1. Quels sont les devoirs des trois degrés des élèves envers leur maître ?

En dehors de leurs nombreux devoirs individuels (assiduité, exactitude, application au travail, attention, ordre, propreté, ardeur, persévérance), les élèves ont à remplir à l'égard de leur maître des devoirs de justice, de respect (*premier degré, bien non-neutre réel*), de solidarité (*deuxième degré, bien non-neutre conventionnel*), d'affection (*bien neutre*). Ces devoirs se confondent souvent, pour les écoliers, avec les devoirs qu'ils ont envers eux-mêmes. Ils ont aussi à remplir des devoirs d'obéissance et de reconnaissance.

2. Pourquoi doivent-ils accomplir ces devoirs ?

Ils doivent les accomplir parce que l'éducateur remplace leurs parents pour les instruire et les éduquer ; parce qu'il a beaucoup de peine à leur faire acquérir les connaissances indispensables pour bien gérer leurs affaires ; parce qu'il leur apprend à aimer le travail, à devenir raisonnables, honnêtes, justes, bons, vertueux ; parce que leur maître a beaucoup étudié et étudie constamment et leur donne sans compter son temps, sa force et son cœur ; parce qu'il les aime et est heureux de les voir profiter de ses leçons ; parce qu'il n'a qu'un souci, leur bonheur futur et leur avenir d'hommes et de citoyens, parce qu'en accomplissant ces devoirs, les élèves rendent plus facile la tâche de leur instituteur et lui permettent de conserver sa santé et de prolonger sa vie.

Pourquoi positif : parce que la loi morale ordonne de

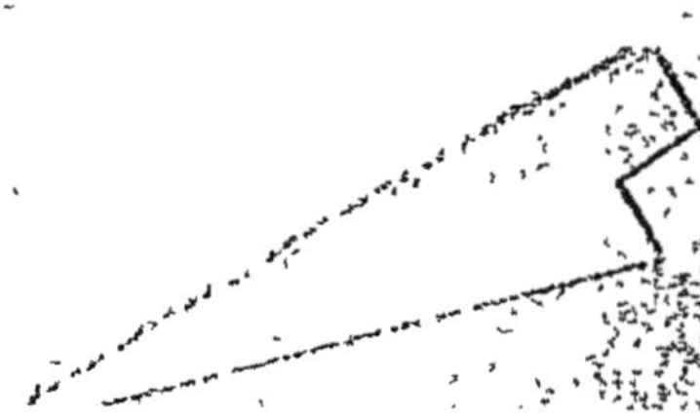

respecter la vie et la santé des autres en toutes circonstances.

Pourquoi intime · parce que la conscience et la raison ; parce que Dieu... parce que...

3. Comment doivent-ils remplir ces devoirs ?

A) *Les devoirs du premier degré (autorité définitive)* : en étant justes dans les appréciations portées sur le maître, en ne médisant pas de lui, en ne le calomniant pas, en ne le tournant pas en dérision ; en étant polis, respectueux ; en ne le dérangeant pas dans son travail ; en lui rendant la discipline facile, en ne l'obligeant pas à réprimander à chaque instant, en étant dociles et obéissants.

B) *Les devoirs du deuxième degré (autorité provisoire)* : en accomplissant de leur mieux leurs devoirs d'écoliers, car l'instituteur ne peut pas grand'chose, s'il n'est pas secondé par le travail persévérant de ses élèves, leur attention soutenue ; en écoutant sagement les explications du maître, en apprenant bien leurs leçons, en faisant correctement leurs devoirs ; en mettant de l'ordre et de la propreté dans tout ce qu'ils font ; en ayant partout, à l'école, dans la rue, à la maison, une conduite qui fasse honneur à l'école et aux maîtres.

C) *Les devoirs du troisième degré (liberté)* : en accordant une grande confiance à leur maître ; en s'empressant de lui être agréables, en lui montrant de l'amitié ; en répondant à son dévouement, à sa bienveillance par de la docilité à se laisser guider, par de l'affection et de la reconnaissance.

4. Quels sont les conflits qui peuvent surgir et comment y mettre fin ?

1. Un élève a un maître dévoué pour lequel il a de l'affection. Ses parents le détestent, ce maître, pour des raisons politiques ou religieuses, excitent leur enfant à manquer de respect à son maître. Que doit faire l'enfant ?

2. Un de mes camarades qui a fait l'école buissonnière m'a fait promettre de n'en rien dire. Mon maître s'adresse en toute confiance à moi pour connaître le motif de l'absence de mon camarade. Dois-je répondre ou me taire ?

Devoirs envers les condisciples

1. Quels sont les devoirs des trois degrés envers les condisciples ?

Ce sont toujours des devoirs de justice, de respect et de conservation (bien non-neutre réel) ; des devoirs d'en-

,r'aide ou de solidarité (bien non-neutre conventionnel) et des devoirs de fraternité (bien neutre).

2. Pourquoi doivent-ils remplir ces devoirs ?

Il faut les remplir parce que des condisciples sont, en quelque sorte, comme des frères dans la même famille ; parce qu'ils ont les uns à l'égard des autres les mêmes sentiments ; parce qu'ils vivent ensemble et que c'est à l'école qu'ils font le premier apprentissage de la vie sociale ; parce que c'est à l'école que l'on trouve les meilleures amitiés, celles qui durent toute la vie.

Pourquoi positif : parce que la loi morale veut qu'on respecte la vie dans tout ce qu'elle a de bien, de beau, de parfait.

Pourquoi intime : parce que Dieu veut qu'on respecte la vie de ses camarades ; parce que...

3. Comment doivent-ils remplir ces devoirs ?

a) *Les devoirs du premier degré (autorité définitive)* : en parlant poliment à leurs camarades ; en évitant la délation, la jalousie, les railleries, la lâcheté, les sottes querelles ; en leur évitant des accidents, en ne mentant pas devant eux ; en ne dérangeant pas leurs jeux, en ne détournant pas leur attention en classe ; en ne leur donnant pas de mauvais exemples.

b) *Les devoirs du deuxième degré (autorité provisoire)* en étant complaisant à leur égard, en protégeant les faibles contre les méchants, en leur prêtant ce dont ils ont besoin ; en les aidant à faire leurs devoirs, à étudier leurs leçons ; en n'accomplissant devant eux que de bonnes actions.

c) *Les devoirs du troisième degré (liberté)* en leur marquant de la bienveillance, de la bonté, de l'affection, en les consolant dans leurs chagrins, leurs insuccès, en leur montrant la joie que l'on éprouve de leurs progrès et de leurs succès, en s'élevant au-dessus de l'égoïsme étroit pour reconnaître les mérites des autres.

4. Quels conflits peuvent se produire à ce sujet et comment y mettre fin ?

1. J'ai un voisin qui me dérange sans cesse dans mon travail sans que le maître s'en aperçoive. Mon devoir étant de travailler avec attention, dois-je me plaindre de mon voisin ou me taire ?

2. Il est interdit de causer pendant les compositions et de copier les uns sur les autres. Mon ami Jean me supplie de l'aider. Que dois-je faire ?

Devoirs de l'écolier en dehors de l'école

1. Quels sont les devoirs des trois degrés d'un ancien écolier envers son école ?

Ces devoirs sont surtout des devoirs individuels ; mais ils rejaillissent en bien ou en mal sur l'école, selon que les anciens écoliers les accomplissent ou ne les accomplissent pas. Ce sont principalement la conservation des connaissances acquises par respect de la Science et de la Vérité (*bien non-neutre réel*) ; le perfectionnement de l'instruction et de l'éducation reçue (*bien non-neutre conventionnel*) ; la pratique de la fraternité (*bien neutre*).

2. Pourquoi doit-il remplir ces devoirs ?

Il faut remplir ces devoirs parce qu'on oublie vite ce que l'on a appris ; parce qu'on sait peu de chose en regard de l'infini des sciences ; parce qu'on doit se perfectionner sans cesse dans la vérité et le bien ; parce que ce qui a été fait à l'école ne doit pas être perdu ; parce que ce serait arrêter le développement régulier des facultés et attenter à la vie intellectuelle et morale.

Pourquoi positif : parce que la loi morale le défend et ordonne le respect de la vie complète.

Pourquoi intime : parce que la raison le juge nécessaire... parce que Dieu... parce que...

3. Comment doit-il accomplir ces devoirs ?

A) *Les devoirs du premier degré (autorité définitive) :* en relisant ses livres scolaires, en se remémorant les morceaux de récitation, les chants appris en classe ; en ne disant ou ne faisant rien qui puisse porter préjudice à l'école ou aux maîtres, en ne détournant pas les jeunes élèves de leurs devoirs ; en ne les incitant pas à la paresse, à la polissonnerie et à la désobéissance ; en continuant à respecter ses anciens maîtres au lieu de se montrer indifférent ou grossier dès qu'on a quitté l'école.

B) *Les devoirs du deuxième degré (autorité provisoire) :* en recherchant la compagnie des gens instruits et honnêtes ; en fréquentant les cours d'adultes, en assistant aux conférences littéraires, scientifiques, morales ; en lisant de bons livres ; en observant ce qui se passe autour de lui, en y pensant ; en réfléchissant longtemps sur toutes choses : une démocratie a besoin de citoyens qui se perfectionnent sans cesse ; en encourageant les écoliers, en les aidant, en leur donnant des conseils de sagesse et de labeur.

c) *Les devoirs du troisième degré (liberté)* : en élevant son intelligence vers les grandes idées et son cœur vers les nobles sentiments par la culture désintéressée de ses facultés, par la science, par la philosophie, par la contemplation de l'univers dans sa beauté et dans son infini, par la recherche d'un idéal intime de bonté et de perfection.

4. Quels conflits peuvent se présenter à ce sujet et comment y mettre fin ?

1. Un citoyen est élève de l'école laïque où il a reçu la meilleure instruction et la meilleure éducation. Il adhère à un parti politique qui combat cette institution, qui la calomnie même. Quel est son devoir ?

IV

Devoirs des travailleurs, des artisans et des fonctionnaires

Le travail et l'effort dans le bien sont les deux principales vertus de l'homme. Tout travail est utile à la société, tout travail est digne d'un homme libre. On peut trouver le bonheur dans toutes les conditions, dans toutes les professions manuelles ou libérales, à la ville comme à la campagne. Avant de prendre un métier, il faut bien réfléchir, consulter ses goûts, ses aptitudes et, une fois sa détermination prise, s'adonner à la tâche de tout cœur.

Devoirs professionnels

1. Quels sont les devoirs généraux réciproques des supérieurs et des inférieurs ?

Les patrons et les ouvriers, les chefs et les subordonnés, les supérieurs et les inférieurs sont des collaborateurs et ont à remplir les uns envers les autres tous les devoirs généraux d'homme à homme ou devoirs envers autrui sans distinction de supériorité ou d'infériorité : devoirs de justice, de solidarité, de fraternité.

A) *Ils ont à remplir leurs devoirs de justice (autorité définitive)* : en ne faisant rien qui puisse nuire aux uns ou aux autres, à leurs intérêts, à leur bien, à leur honneur. Le principal de ces devoirs est le respect dû à tout homme honnête et libre. Dans bien des livres de morale, il semble qu'on fasse du respect, de la politesse, de la déférence, des devoirs uniquement réservés aux ouvriers et aux subordonnés. C'est anti-naturel et injuste : la loi morale ne reconnaît pas de ces distinctions subtiles ; elle ordonne le respect de la vie de l'homme quelle que soit la condition de celui-ci. Le patron doit le respect à ses ouvriers et le chef à ses subordonnés d'une manière absolue. A peine peut-on consentir une légère différence en faveur des premiers pour marquer la supériorité de leur condition et dire que le patron doit la politesse à ses ouvriers et ceux-ci la déférence à leur patron. On ne peut aller plus loin. Et encore faut-il que cette déférence soit méritée sans quoi son signe extérieur est dépourvu de sens.

B) *Viennent ensuite les devoirs de solidarité (autorité provisoire)* dont le principal est l'obligation réciproque de remplir les engagements pris : respect de la parole donnée, des contrats du travail pour les ouvriers et employés, des règlements administratifs pour les fonctionnaires, travail consciencieux pour tous.

C'est le devoir d'autorité pour les chefs et de respect de cette autorité pour les ouvriers ; mais la nature de cette autorité doit être fixée : le chef doit rejeter l'autorité personnelle issue de son seul caprice et de sa volonté propre pour ne faire appel qu'à l'autorité impersonnelle, c'est-à-dire à l'autorité de la loi morale, du règlement, du contrat, des conditions déterminées du travail, autorité toujours juste, toujours bonne. Avec cette autorité, en face d'une faute commise par un subordonné, on peut toujours dire sans blesser personne : « comme homme je pourrais peut-être vous excuser, comme chef et par respect du règlement et du devoir, je suis obligé de vous blâmer ». L'obéissance à cette autorité est toujours acceptée de bonne grâce par les gens honnêtes et travailleurs. aux autres... on l'impose.

C) *Viennent enfin les devoirs de fraternité (liberté)* : l'affection réciproque et la reconnaissance pour les services rendus, des services rendus aux ouvriers par les patrons et des services rendus aux patrons par les ouvriers.

Devoirs professionnels particuliers
des subordonnés envers leurs supérieurs
(domestiques, apprentis ouvriers, fonctionnaires)

1. Quels sont les devoirs professionnels particuliers des subordonnés envers leurs supérieurs ?

A côté des devoirs généraux, il y en a d'autres d'ordre professionnel qui correspondent à la situation de chacun. Ce sont : pour les serviteurs, le respect du foyer familial, la fidélité, la discrétion ; pour l'apprenti, une obéissance empressée ; pour l'employé, la probité ; pour le fonctionnaire, la complaisance qui, par réciprocité, demande la patience et la politesse du public ; c'est la conscience professionnelle, un bon travail et enfin le dévouement aux intérêts du maître : patron, commune, département, état, société.

2. Pourquoi doivent-ils remplir ces devoirs ?

Ils doivent remplir ces devoirs pour répondre à la confiance qu'on leur témoigne en les chargeant d'un travail ou d'un emploi ; parce que le travail et la fonction ne sont pas seulement faits pour l'homme ; mais l'homme pour la fonction et le travail ; parce qu'en ne travaillant pas, on vole l'employeur puisqu'on l'oblige à payer un travail fictif ; parce qu'en travaillant mal, on trahit les intérêts du patron, on lui fait perdre ses pratiques, on l'expose à la ruine : c'est malhonnête et imbécile, car la ruine du patron amène souvent la misère de l'ouvrier ; parce qu'en agissant ainsi, on porte préjudice non seulement au patron, mais au public qui achète, à soi-même et à la patrie en général ; parce que la négligence des ouvriers et le sabotage du travail peuvent devenir un crime en causant de terribles accidents comme il en arrive avec une chaîne mal forgée, une corde mal tissée, un moteur mal calibré, des gâteaux préparés dans des ustensiles mal lavés ou lavés avec des produits nocifs ; parce que les négligences des fonctionnaires, les retards injustifiés apportés dans l'expédition des affaires, dans l'étude des dossiers, lèsent non seulement les particuliers, mais ont des conséquences néfastes en ce qui regarde les intérêts généraux du pays (travaux ajournés, améliorations des services publics, retards, etc.).

Pourquoi positif : parce que la loi morale leur défend de porter atteinte directement ou indirectement au bien vital d'autrui.

Pourquoi intime : parce que la raison, la conscience le leur interdisent ; parce que Dieu... parce que...

3. Comment doivent-ils remplir ces devoirs ?

Ils doivent remplir ces devoirs : 1° par la ponctualité, l'assiduité, l'exactitude, le bon emploi de leur temps ; par l'obéissance aux règlements et aux ordres reçus, à l'autorité impersonnelle ; en écoutant les conseils autorisés ; 2° en apportant tous leurs soins, toute leur intelligence, toute leur attention dans l'accomplissement de leur tâche ; 3° par le zèle, le perfectionnement constant, l'effort fait pour devenir de plus en plus habiles dans leur métier ou leur art, en reconnaissant la supériorité lorsqu'elle existe chez les autres.

Remarque : *Les devoirs des ouvriers entre eux sont les mêmes que les devoirs des condisciples à l'école ; devoirs de justice (ne jamais nuire ou porter préjudice par jalousie, malfaçon, délation, tromperie, calomnie) ; devoirs de solidarité dans le bien (se conseiller, s'aider, défendre un camarade injustement attaqué, s'associer en amicales, syndicats, sociétés mutuelles, etc.) ; devoirs de bonté (se manifester de la sympathie, être délicats envers les femmes, les apprentis, les faibles).*

4. Quels sont les conflits qui peuvent se produire à ce sujet et comment y mettre fin ?

1. Un de vos camarades d'atelier s'est rendu coupable d'une malfaçon qui peut avoir des conséquences graves. Nul n'en sait rien, excepté vous qui vous en êtes aperçu par hasard. Si vous dévoilez le fait, votre camarade sera renvoyé. Où est votre devoir ?

Devoirs professionnels particuliers des supérieurs envers les subordonnés

1. Quels sont les devoirs professionnels particuliers des supérieurs envers leurs subordonnés ?

Ces devoirs sont l'hygiène, la sécurité, une bonne direction, la justice dues à tous ; c'est l'impartialité ; un travail qui ne soit pas excessif ; la protection, la bienveillance et la confiance ; enfin un salaire suffisant pour garantir le bien-être de la famille et une participation aux bénéfices.

2. Pourquoi doivent-ils remplir ces devoirs ?

Ils doivent remplir ces devoirs parce qu'ils n'ont pas le droit de spéculer sur la misère, sur le travail d'autrui pour réaliser des bénéfices exagérés ; parce que chacun a droit à la vie largement assurée dans la justice et la dignité ; parce que sans les biens matériels (logement spacieux et bien aérés, nourriture substantielle, repas réguliers et suffisants) l'ouvrier ne peut travailler à son développement intellectuel, à son perfectionnement moral ; parce qu'il ne peut élever ses enfants conformément aux prescriptions de l'hygiène et aux principes d'une bonne éducation ; parce qu'en diminuant la valeur des ouvriers, on diminue, en eux, la valeur sociale des hommes et la valeur des citoyens, on diminue la patrie ; parce qu'on n'a pas le droit de supprimer un seul des biens de l'homme et d'atrophier ses facultés vitales, d'en faire un être inférieur, une sorte de paria social ; parce qu'en ne tenant pas compte des capacités de chacun on nuit à la société tout entière.

Pourquoi positif : parce que la loi du respect de la vie s'oppose à la mutilation du corps et de l'âme.

Pourquoi intime : parce que la Conscience et la Raison ne peuvent admettre que l'on manque à ces devoirs envers un être humain quelconque ; parce que la loi de Dieu ordonne la justice, la charité et la bonté.

3. Comment doivent-ils accomplir ces devoirs ?

Ils doivent les accomplir :

En ne faisant jamais appel à l'autorité personnelle pour ennuyer les ouvriers et leur rendre détestable la vie de l'atelier ; en ayant toujours présente à l'esprit l'idée de dignité humaine ; en se souvenant toujours qu'un homme reste un homme, un être moral quel que soit son état, son intelligence, son savoir et sa modestie ;

En faisant travailler dans des conditions d'hygiène irréprochables et en prenant toutes les précautions nécessaires pour éviter les accidents ; en traitant chacun selon ses mérites, en donnant les meilleures places aux plus compétents et aux plus sérieux et non aux plus empressés, aux plus flatteurs et aux plus sympathiques ; en mettant un terme au favoritisme qui conduit à l'incompétence générale, aux malfaçons de toute nature, aux malversations, à l'incapacité professionnelle et à l'incurie administrative; l'arrivisme des mauvais ouvriers, des mauvais employés, des mauvais fonctionnaires produit, chez les bons, de la lassitude, du découragement qui se traduisent par une diminution du travail et de la valeur de ce travail, par l'égalisation dans la médiocrité et une sorte de déchéance nationale vis-à-vis des étrangers ;

En payant le travail selon sa valeur, largement ; en faisant profiter tous les ouvriers d'une part plus ou moins grande des bénéfices ; en distribuant des primes à ceux qui se sont particulièrement distingués dans l'accomplissement de leur tâche sociale, en encourageant pécuniairement les inventeurs et les chercheurs, les savants lesquels ne sont pas toujours en haut de l'échelle sociale ;

En rendant le travail attrayant par une atmosphère de confiance mutuelle incompatible avec le mouchardage et la délation, par la loyauté, par une aimable honnêteté, par une sérénité inaltérable qui n'est pas la manifestation bruyante et grossière du rire et de la joie, mais l'intime et gaie satisfaction du devoir accompli.

4. Quels sont les conflits qui peuvent se produire à ce sujet et comment y mettre fin ?

1. Vous êtes chef d'atelier. Une place devient vacante. Deux ouvriers la sollicitent. L'un, peu habile, est un de vos amis. L'autre est très habile dans son métier, mais vous est antipathique. A qui donnerez-vous la préférence ?

Devoirs professionnels particuliers des artisans isolés, de tous ceux qui exercent des professions libérales, des magistrats

1. Quels sont ces devoirs ?

Le premier de ces devoirs est de bien connaître son métier ou sa profession. Le deuxième est de l'exercer consciencieusement.

2. Pourquoi faut-il remplir ces devoirs ?

Il faut les remplir : parce que les artisans (forgerons, menuisiers, maçons, charpentiers, tailleurs, tisserands, etc.) doivent livrer un bon travail, des outils bien forgés, des meubles élégants et solides, des murs capables de supporter les épreuves du temps et des intempéries, des toitures puissantes, des habits bien confectionnés, des étoffes résistantes, etc.;

Parce que les ingénieurs, les avocats tiennent les intérêts de ceux qui les emploient ;

Parce que les magistrats, les juges disposent de la vie, de l'honneur ou des intérêts de ceux qui sont traduits devant eux.

Pourquoi positif : parce que la loi morale exige qu'on ne porte aucun préjudice volontaire à la vie des autres et à leur bien.

Pourquoi intime : parce que la conscience et la raison... parce que Dieu... parce que...

3. Comment doivent-ils remplir ces devoirs ?

Ils doivent les remplir en apportant dans leur profession tout le zèle, tout le cœur, toute l'intelligence dont ils sont capables ; en ne trompant jamais la confiance qu'on leur accorde pour poursuivre un but inavoué de lucre, de haine ou de jouissance ; en se récusant pour l'accomplissement d'une tâche si leur compétence ne leur paraît pas suffisante à eux-mêmes. Ce dernier devoir demande beaucoup de vertu ; mais il faut pourtant savoir le remplir sans hésitation de peur de nuire aux autres ou d'entraver les œuvres de progrès.

*Remarque sur les devoirs professionnels des fonction-
naires non rétribués.* — Ceux qui acceptent des fonctions
gratuites (conseiller municipal, maire, président, secré-
taire, trésorier d'une société quelconque, etc.), doivent
s'acquitter de leur tâche avec le même scrupule et la
même conscience que s'ils étaient rétribués.

**4. Quels sont les conflits qui peuvent se produire à ce sujet
et comment y mettre fin ?**

1. Un avocat a reçu d'un client l'aveu d'un crime pour lequel un
innocent va être condamné. Que doit-il faire ?

2. Un médecin a donné ses soins à un jeune homme atteint d'une
maladie contagieuse grave. La fiancée du jeune homme envoie ses
parents se renseigner auprès du docteur. Celui-ci doit-il garder le
secret professionnel ?

V

Devoirs dans le groupe social, politique et national

**ou devoirs des citoyens envers les personnes morales fictives
(commune, département, Etat, Patrie, Drapeau) et de
celles-ci envers les citoyens.**

Les citoyens ont envers les personnes morales, qu'elles
s'appellent Commune, Département, Etat, Patrie, de nombreux devoirs à remplir qui, comme envers les personnes
vivantes, comprennent des devoirs de justice, d'entr'aide
et d'amour.

Ils doivent respecter les biens de ces personnes morales,
ne pas détériorer leurs immeubles, leurs monuments, leurs
œuvres et objets d'art, leurs musées, leurs statues, leurs
fontaines, leurs appareils d'éclairage, leurs routes et chemins, etc.; nuire à ces choses, c'est nuire à tout le monde
et à soi-même.

Ils doivent travailler pour elles avec la même conscience qu'ils travaillent pour un particulier.

En examinant les devoirs envers la patrie, nous passe-
rons en revue tous ces devoirs, car la Patrie les résume
tous. La Patrie n'est-elle pas, en effet, le pays de nos
ancêtres considéré dans toutes ses divisions territoriales
ou administratives (commune, canton, arrondissement,
département) ; n'est-elle pas le lieu natal, le foyer des
aïeux, ses habitants qui forment une grande famille, ses
souvenirs, ses traditions, sa langue.

Devoirs des citoyens envers la Patrie

1. Quels sont les devoirs des trois degrés des citoyens envers la patrie ?

A) *Les devoirs du premier degré (non-neutre réel)* sont la conservation de l'intégrité de son territoire et de ses richesses de toute nature, le respect, devoirs qui ne sont autre chose que des devoirs de justice.

B) *Les devoirs du deuxième degré (non-neutre conventionnel)* sont les devoirs de tous les citoyens travaillant pour la Patrie et sa grandeur.

C) *Les devoirs du troisième degré (neutre)* sont des devoirs d'amour ou patriotisme.

D) *Les devoirs mixtes* de reconnaissance de ses bienfaits et d'obéissance à ses lois.

2. Pourquoi doivent-ils accomplir ces devoirs ?

Les citoyens doivent remplir ces devoirs pour les raisons suivantes :

Le devoir de respect parce qu'elle a été fondée au prix de luttes et d'efforts incessants, parce qu'elle poursuit un noble idéal de liberté, d'égalité, de fraternité ; c'est pourquoi ils doivent la conserver intacte comme représentant leurs aspirations de race, leur esprit et leur langue dont personne ne désire la disparition.

Le devoir de solidarité parce qu'ils doivent travailler d'un commun accord à sa prospérité et à sa grandeur pour qu'elle continue à tenir sa place dans le monde tant au point de vue des idées (sciences, lettres, arts), des sentiments généreux qu'au point de vue économique ; parce qu'une commune émulation dans le bien est nécessaire pour ne pas la laisser déchoir de son rang ; parce qu'en travaillant pour elle, ils travaillent en même temps pour eux, pour leur famille et pour l'humanité entière ; parce que la solidarité nationale n'empêche pas la solidarité mondiale, mais la fortifie au contraire si elle est bien comprise.

Le devoir d'amour parce qu'elle est une grande famille où ils s'entr'aident, où tous ont besoin les uns des autres, où ils ont leurs affections communes ; et aussi parce qu'elle a acquis une gloire immense par ses succès militaires et son génie artistique, scientifique et littéraire ; parce qu'elle a fait la Révolution et rédigé la Déclaration des Droits de l'Homme ; parce qu'elle a pris pour devise les trois mots : Liberté, Egalité, Fraternité qui sont comme la synthèse de tous les devoirs de l'homme.

Le devoir de reconnaissance parce qu'elle leur assure de grands bienfaits, la sécurité, la liberté, l'aide matérielle et morale, les secours, l'instruction, la facilité des relations, un plus grand bien-être ; parce qu'attenter à la vie de la France, c'est attenter en bloc à la vie de tous les Français.

Pourquoi positif : parce que la loi de la morale indépendante veut conserver à tous les hommes, donc à tous les Français, le plus grand bien vital possible.

Pourquoi intime : parce que la raison, en cela, est d'accord avec l'intérêt ; parce que le bien fait aux Français ne peut qu'être agréable à Dieu ; parce que...

3. Comment doivent-ils remplir ces devoirs ?

A) *Les devoirs du premier degré (autorité définitive) :* en ne faisant rien qui puisse être nuisible à ses intérêts, à son honneur, à sa durée, à sa vie ; en respectant son drapeau, en lui rendant honneur et en lui restant fidèles ; en respectant le bien commun, la propriété publique : monuments, œuvres d'art, fontaines.

En ne restant pas oisifs ou paresseux ce qui nuit à eux-mêmes, à la famille, à la patrie ; en ne fraudant pas, en ne volant pas, en ne trahissant pas, en ne vendant ni leur vote ni leur conscience ; en n'étant pas arrivistes : les bons citoyens sont ceux qui n'usurpent pas les places pour lesquelles ils ne sont pas qualifiés et qui restent honnêtement dans l'emploi ou la fonction compatibles avec leurs aptitudes, leur savoir et leurs mérites. Les mauvais citoyens sont ceux que la faveur fait arriver à des situations pour lesquelles ils ne sont pas qualifiés et qui faussent tous les services par une incompétence qui n'a souvent d'égale que leur horreur du travail.

En ne dénigrant pas systématiquement leurs concitoyens comme le font certains écrivains et certains hommes politiques dans un but étroit de défense d'une caste, d'un parti ou d'un système politique. Les mauvais citoyens sont dans la patrie comme les mauvais fils dans la famille : ils la dissocient, la rendent malheureuse sans profit pour personne si ce n'est pour les mauvais bergers, les pêcheurs en eau trouble. Ces mauvais citoyens se figurent qu'en faisant du tort aux Français, ils ont bien mérité de la France, de la patrie et même de l'humanité. Quelle erreur !

B) *Les devoirs du deuxième degré (autorité provisoire) :*

1° En accomplissant d'abord tous leurs devoirs d'homme (fils, écoliers, patrons, ouvriers, employés, fonctionnaires, chefs, collaborateurs, etc.) ; en travaillant à la grandeur de la France ; à sa prospérité ; en s'inspirant de sa noble devise ; c'est l'activité intelligente et persévérante des citoyens d'un pays qui rend ce pays puissant ;

2° En accomplissant consciencieusement tous leurs devoirs civiques : obéissance aux lois, respect de l'autorité, service militaire (soldats disciplinés, actifs, courageux), vote désintéressé, éclairé, libre (la qualité de l'élu dépend de l'électeur), paiement régulier des impôts ; en s'intéressant aux affaires publiques, en étudiant les lois, en remplissant les fonctions électives (maires, députés, sénateurs, etc.) avec intelligence, dévouement, intégrité.

La première catégorie de ces devoirs repose entièrement sur la bonne volonté des citoyens ; la deuxième a moins de valeur puisqu'on est presque toujours matériellement contraint de les remplir ; ils n'ont de valeur que par la manière consciencieuse de les remplir, par l'empressement à l'obéissance ;

3° En luttant contre les dangers sociaux actuels : dépopulation, alcoolisme, favoritisme, système D, négligence ou mépris de l'intérêt général, désordre, gâchis.

c) *Les devoirs du troisième degré (liberté)* en faisant preuve de patriotisme sans tomber dans le chauvinisme ; en aimant la liberté et en se dévouant pour conserver leur propre liberté et la liberté des autres. Celui-ci n'aime pas la France, n'aime pas sa patrie qui laisse attenter à la liberté de ses concitoyens, à leur liberté normale, amie de l'ordre, ennemie de la licence.

4. Quels sont les conflits qui peuvent se présenter et comment y mettre fin ?

1. Vous êtes soldat détaché dans une usine de guerre où l'on fabrique des munitions. Le directeur de l'usine vous ordonne de faire un travail pour lequel vous n'êtes pas qualifié. Votre inexpérience risquerait de provoquer des accidents graves et de faire des victimes parmi les combattants. En cas de refus, on vous menace des Conseils de guerre. Que ferez-vous ?

2. Vous êtes soldat. Vous découvrez que votre père fait de l'espionnage au profit des adversaires. Nul n'en sait rien, sauf vous. Que ferez-vous ?

Devoirs des gouvernants envers les gouvernés

La Patrie ou l'Etat ou la Nation, personne morale, dispose, pour exercer son autorité, de trois pouvoirs : les pouvoirs législatif (Chambre des députés, Sénat), exécutif (Président de la République, Ministres) et judiciaire (Juges, Magistrats).

Les Députés et les Sénateurs sont les mandataires de

la Nation chargés d'étudier et de voter les lois, d'élire le Président de la République (en un congrès tenu à Versailles) et d'exercer un droit de contrôle sur les Ministres responsables nommés par celui-ci.

Le gouvernement veille à l'exécution des lois et exerce son pouvoir au moyen de décrets, arrêtés, circulaires et à l'aide de nombreux fonctionnaires hiérarchisés qui agissent sous la responsabilité ministérielle et forment autant de corps administratifs qu'il y a de Ministères (Ministères de l'Intérieur, des Finances, de la Justice, de l'Agriculture, de l'Instruction publique, des Beaux-Arts et des Cultes, de la Guerre, de la Marine, des Colonies, du Commerce et de l'Industrie, des Travaux Publics, des Affaires étrangères du Travail, de l'Hygiène publique et de la Prévoyance sociale). Certains de ces fonctionnaires ou magistrats ont auprès d'eux des Conseils pour les aider dans leur tâche : ainsi le Préfet est secondé dans l'administration départementale par un Conseil de préfecture et contrôlé par le Conseil général et le Ministre de l'Intérieur ; le Maire est secondé par des adjoints et contrôlé par le Conseil municipal et le Préfet.

Les Ministres et leurs subordonnés, les Magistrats des divers ordres (politique, judiciaire, administratif, contentieux, etc.) jouissent d'une autorité toute impersonnelle qui dérive de la loi civile et politique et qui devrait dériver uniquement de la loi morale. Ils ne doivent jamais faire preuve d'autorité personnelle.

1. Quels sont les devoirs des trois degrés des gouvernants envers les gouvernés ?

A) *Les devoirs du premier degré (non-neutre réel)* sont la justice égale pour tous, sans distinction de culte et d'opinion ; le respect de la vie individuelle et sociale, de la personnalité humaine, de la liberté de chacun.

B) *Les devoirs du deuxième dègré (non-neutre conventionnel)* sont la protection et l'aide matérielle et morale ; le souci du bien-être des citoyens, de leur instruction et de leur éducation ; la sauvegarde de leur liberté, de leurs biens, de leur vie ; les encouragements au bien, au travail, au commerce, à l'industrie, aux sciences, aux arts, aux lettres, encouragements donnés sous forme de récompenses honorifiques ou autres ; l'effort fait pour stimuler les initiatives privées, soutenir les énergies particulières dans toutes les branches de l'activité humaine.

c) *Les devoirs du troisième degré (neutre)* sont le dévouement apporté dans la fonction, le désintéressement absolu, la ferme bienveillance, la sympathie agissante qui attirent la confiance, subjuguent les esprits et captent les cœurs, enthousiasment toutes les bonnes volontés et les conduisent dans la voie du bien et du mieux pour le plus grand profit de l'Etat et des particuliers.

2. Pourquoi doivent-ils accomplir ces devoirs ?

Ils doivent accomplir ces devoirs parce que les gouvernants sont l'organe de la volonté populaire et occupent la fonction la plus haute qui soit, celle d'où dépend en partie la prospérité du pays, l'ordre et le respect mutuel des citoyens ; parce qu'ils sont les gardiens de la loi, que la loi est l'expression de la sagesse d'une nation et la garantie du respect de la vie et de la liberté des citoyens ; parce que l'exemple de la justice, de la vertu, de la solidarité, de l'amour des hommes a une influence considérable sur les masses lorsqu'il vient d'en haut.

Pourquoi positif : parce que la loi morale est d'accord avec la loi civile pour ne pas transiger sur ces divers devoirs, puisqu'elles demandent toutes deux le respect de la vie des autres dans leur conservation, dans leur développement et leur perfectionnement continu.

Pourquoi intime : parce que la Conscience et la Raison ne font aucune distinction entre les hommes en général et les citoyens en particulier dans la recherche du bien ; parce que Dieu veut qu'on respecte la vie en toute circonstance ; parce que...

3. Comment doivent-ils remplir ces devoirs ?

A) *Les devoirs du premier degré (autorité définitive) :* en ne se considérant pas comme les maîtres du pays ; en se renfermant strictement dans leurs attributions de magistrats nationaux ; en appliquant les règlements, les circulaires, les arrêtés, les décrets et les lois à tous indistinctement ; en ne poursuivant pas de leur haine les adversaires politiques ; en ne profitant pas de leur situation pour commettre des passe-droit, pour favoriser les amis au détriment des autres ; en n'acceptant aucun pourboire, rétribution, remise illicites ; en ne trafiquant pas de leur mandat ou de leur fonction, ce qui est une vraie trahison, un crime contre la loi, un attentat à la souveraineté nationale. Ce qu'il y a de plus grave dans une nation qui conserve des fonctionnaires prévaricateurs, des magistrats qui ne sont pas intègres, c'est la méfiance des gouvernés à l'égard de la justice, des pouvoirs publics et la déconsidération qui rejaillit peu à peu sur les meilleurs institutions. Les citoyens ne devraient pas tolérer ces manquements au devoir.

b) *Les devoirs du deuxième degré (autorité provisoire) :* en veillant avec soin à l'emploi des compétences ; en plaçant chacun dans la fonction qui lui convient le mieux pour assurer la bonne marche des services, la régularité et l'ordre dans l'expédition des affaires, pour que tous ceux qui sont obligés de s'adresser à l'dministration aient satisfaction dans un minimum de temps, avec un minimum de dérangement et un minimum de dépense. Tout Ministre, tout Administrateur qui aurait le courage de se priver du service des fonctionnaires ou employés malhonnêtes et, dans certains cas, des nullités, des médiocrités, poids lourds de l'Administration, vrais parasites de l'Etat, des Départements et des Communes aurait bien mérité de la Patrie et du progrès. Pour découvrir les compétences, il faut voir, contrôler, longuement et souvent, causer avec les fonctionnaires et les employés de tous ordres et ne craindre ni son temps ni sa peine. Il ne faut pas se laisser influencer par les jugements intéressés portés en bien ou en mal sur un homme.

Il arrive souvent que le plus vanté par l'entourage d'un chef est un fonctionnaire médiocre alors que le plus dénigré est le meilleur. Pour déjouer les intrigues, il faut observer, comparer, peser les mérites de chacun. C'est une tâche difficile, délicate, mais nécessaire ; c'est le devoir primordial des dirigeants d'un pays de rejeter le mot d'ordre actuel « pas d'histoires » et de le remplacer par celui-ci : « responsabilité ». La peur des responsabilités est un fléau qui engendre le laisser faire, la routine, la stagnation. L'autorité sera respectée, aimée le jour où elle reposera sur le mérite, le savoir ; la supériorité morale de ceux qui l'exercent.

c) *Les devoirs du troisième degré (liberté)* en encourageant au travail, en conseillant, en marquant de la sollicitude envers tous les mérites qui s'affirment ; en accordant sa confiance à ceux qui la méritent, en donnant même son amitié à tous ceux qui s'en montrent dignes par leur zèle, leurs vertus et leur supériorité manifeste ; mais en ayant assez de tact pour encourager les uns sans décourager les autres et même, lorsque c'est possible, pour encourager tout le monde.

Autres devoirs de la Patrie envers les citoyens

La Patrie, par l'intermédiaire de ses représentants, députés et sénateurs, a d'autres devoirs à remplir envers les citoyens. Elle doit faire des lois morales, c'est-à-dire des lois ayant pour objet d'assurer le plus grand développement vital des individus dans la justice, la solidarité et la fraternité.

Tant que les lois ne seront pas basées entièrement sur une morale universelle, tant que cette morale universelle n'aura pas pénétré dans les mœurs, l'humanité sera ballotée entre les extrêmes ; elle sera le jouet des intrigants, la proie des arrivistes et la victime de la force et de l'impérialisme individuel (tyrannie) ou collectif (anarchie, etc.).

Les trois degrés du devoir de la morale indépendante permettent de distinguer logiquement et naturellement trois catégories de lois qui sont la garantie du bien-être et de la liberté normale des citoyens :

1° Les lois de justice (bien non-neutre réel) ;

2° Les lois de solidarité (bien non-neutre conventionnel) ;

3° Les lois de fraternité ou d'amour (bien neutre).

A) *Les lois de justice (économiques, sociales, politiques, etc.)* sont l'expression et la garantie du bien certain, de la vérité positive, logique ou morale, de l'ordre, de la paix, de l'union et de la liberté normale ; elles ont pour but la conservation et le respect de la vie complète, du bien vital, des biens extérieurs matériels (propriété, richesse), des biens moraux (bonne réputation, honneur) possédés par chaque citoyen.

Ces lois du devoir négatif imposées avec une autorité définitive sont parfois insuffisantes en ce qu'elles consacrent, en certains cas, les injustices existantes au moment où elles ont été établies et promulguées. Ainsi, dans la société actuelle, est-ce que chaque famille ne devrait pas avoir au moins un lopin de terre et une habitation insaisissable, un bien-être matériel suffisant pour garantir son indépendance et son développement vital. La loi morale veut que chaque individu honnête et travailleur jouisse du bien vital et des moyens nécessaires pour l'acquérir, c'est-à-dire d'un minimum de richesse.

B) *Les lois de solidarité* sont justement là pour parfaire les lois de justice. Elles sont l'expression de la vérité contingente, de la connaissance relative que l'homme a des choses et des lois naturelles de l'entr'aide des citoyens. Ces lois ne sauraient être présentées comme des dogmes ; mais comme des nécessités pratiques devant lesquelles on doit s'incliner jusqu'à ce qu'elles aient été modifiées, améliorées.

Elles doivent maintenir un juste équilibre des biens entre les individus et entre les associations. Pour maintenir cet équilibre, elles doivent imposer des charges proportionnelles aux capacités de chacun, ce qui revient à diminuer l'excès des biens possédés par les uns pour augmenter le bien possédé par les autres ou pour en procurer à ceux qui n'en ont pas, selon la vieille formule équivoque que le bien général prime le bien particulier.

Par « biens », il faut entendre ici les biens extérieurs (richesses, luxe, terre, propriété bâtie, établissements industriels, commerciaux, etc.) et non pas le bien vital individuel et social, le bien possédé par l'homme en tant qu'homme, en tant qu'être vivant. Les biens extérieurs ne sont que des moyens d'atteindre au bien vital (santé, savoir, volonté vertu, liberté...). En aucun cas les lois de solidarité ne doivent toucher au bien vital pour le diminuer : elles doivent toujours porter sur les moyens de l'acquérir et de le conserver, sur les biens extérieurs qu'elles doivent partager, diminuer ou accroître selon le cas.

Nul ne peut raisonnablement soutenir, en effet, qu'au-delà d'un certain maximum la richesse est utile à l'individu qui la possède et qu'au-dessous d'un certain minimum il n'y a pas misère et injustice sociales. L'excès de richesse n'ajoute rien au développement vital de l'homme, mais le pousse souvent à abuser de la puissance que cette richesse lui confère. La misère nuit à ce même développement ou l'arrête tout à fait, et c'est le plus grand mal qui puisse exister, mal réprouvé par la loi morale et qui doit l'être par la Conscience, par la Raison... par Dieu. Plusieurs de ces lois existent déjà, insuffisantes il est vrai, mais marquant sur le passé un progrès véritable qui ne doit pas s'arrêter à ce premier stade du bien social. Toute personne qui travaille a droit à l'aisance.

c) *Les lois de reconnaissance et d'amour* achèvent les lois de justice et de solidarité. La société doit pousser son souci du bien individuel et social jusqu'à encourager (non imposer) l'accomplissement des devoirs du troisième degré. Elle doit, dans ce but, manifester d'une manière tangible son admiration et sa reconnaissance à tous les grands citoyens (grands par le bien accompli, qu'ils soient d'humbles travailleurs ou de puissants personnages), à tous ceux qui se sont dévoués pour leurs semblables ou pour la chose publique, pour la science ou la grandeur de la patrie, à tous ceux qui ont donné à autrui, avec leur travail, une parcelle plus ou moins grande de leurs biens personnels, de leur cœur, à tous ceux qui ont souffert pour l'humanité.

Des lois existent déjà qui établissent certaines récompenses (distinctions honorifiques, décorations, médailles, etc.). Mais elles sont insuffisantes encore. Le Panthéon consacré à la mémoire de ses grands hommes par la France est la plus sublime manifestation de la reconnaissance nationale...

Remarque : *Les devoirs des gouvernés sont corrélatifs des devoirs des gouvernants et se confondent avec les devoirs des citoyens envers leur patrie.*

Quels sont les conflits qui peuvent se produire à ce sujet, comment y mettre fin ?

1. Un homme politique a eu aux élections, comme adversaire malheureux, un fonctionnaire réputé pour sa compétence et son zèle. Le premier devient Ministre et se trouve être, de ce fait, le supérieur du deuxième. Celui-ci sollicite un poste concurremment avec un ami du Ministre, électeur influent, mais beaucoup moins méritant. Que doit faire le Ministre ?

VI

Devoirs dans le groupe international ou humain

Toutes les patries, tous les peuples, grands et petits forment l'humanité. Ces peuples ont entre eux les mêmes devoirs que les hommes ont dans le groupe social ou national.

1. Quels sont les devoirs des trois degrés des peuples entre eux ?

A) *Les devoirs du premier degré (non-neutre réel)* sont la conservation des patries, le respect de leur indépendance, le respect du droit des gens ou règles d'humanité et d'honneur en cas de conflit armé, le respect des traités, la justice internationale.

B) *Les devoirs du deuxième degré (non-neutre conventionnel)* sont la solidarité dans le bien, l'aide apportée aux autres nations pour permettre leur développement ou leur relèvement économique et moral ; c'est la solidarité dans les lettres, les sciences, les arts.

C) *Les devoirs du troisième degré (bien neutre)* sont la générosité, les sacrifices faits par un peuple pour défendre un autre peuple injustement opprimé et lui conserver sa liberté. Ce devoir dans bien des cas n'est qu'un devoir de stricte solidarité.

2. Pourquoi les peuples doivent-ils remplir ces devoirs ?

Ils doivent les remplir parce que les peuples ont besoin les uns des autres pour se procurer les produits qui leur manquent ; parce que la science d'une nation profite aux autres nations et vice-versa ; parce que les nations entre elles devraient se comporter comme les individus entre eux ; parce que l'on ne comprendrait plus que des nations civilisées, par conséquent éprises des principes de la morale, respectent et fassent respecter la vie de leurs membres, leurs biens et leur indépndance et ne respectent pas cette même vie et ces mêmes biens chez les autres ; parce qu'on ne comprendrait plus que, par esprit de domination, pour jouir du bien des autres, profiter de leur travail, de leurs richesses, que, pour se repaître de toutes les jouissances et se gorger de tous les biens, une nation décide froidement une guerre d'agression, c'est-à-dire le massacre et le pillage de la nation ennemie ; parce que la guerre est le crime le plus abominable qui soit, crime sans excuse quelles que soient les raisons qu'on en donne pour l'expliquer et le rendre moins honteux.

Pourquoi positif : parce que la loi morale qui défend d'attenter à la vie d'un seul homme défend, à plus forte raison, de détruire des centaines, des miliers ou des millions d'hommes.

Pourquoi intime : parce que la conscience se révolte à cette seule pensée, parce que la raison ne peut admettre sans protester qu'on s'entre-tue ; parce que Jésus a dit : « tu ne tueras point » ; parce que Dieu, dans sa souveraine justice ne peut vouloir l'extermination d'une partie de ses créatures...

3. Comment les peuples doivent-ils remplir ces devoirs ?

A) *Les devoirs du premier degré (autorité définitive) :* en ne méprisant pas les étrangers ; en rendant justice à leurs qualités ; en n'exagérant pas leurs défauts ; en ne leur cherchant pas querelle ; en faisant appel, en cas de contestations, à un tribunal d'arbitrage ; en respectant les traités conclus avec les autres nations ; en n'intervenant pas dans leurs affaires intérieures, chaque peuple ayant le droit de se gouverner à sa guise. Dans la paix, en ne boycottant pas leur commerce ; en ne trompant pas leur confiance; lorsqu'ils donnent l'hospitalité, pour leur nuire et faire de l'espionnage sous le couvert du commerce, de l'industrie, du sport, du tourisme ; en ne pénétrant pas dans les familles comme ami ou domestique pour en trahir les secrets et dans les maisons de commerce, comme employé, pour en détourner les commandes au profit de ses compatriotes. En cas de guerre impossible à éviter, en se conformant aux règles du droit des gens, en ne tuant pas un ennemi hors de combat, en ne pillant pas, en ne détruisant pas les biens matériels sans une absolue nécessité.

B) *Les devoirs du deuxième degré (autorité provisoire)* en leur achetant et en leur vendant les produits du sol et les matières premières nécessaires au commerce et à l'industrie ; en leur fournissant les objets manufacturés indispensables à leur consommation ; en leur prêtant des capitaux et de la main-d'œuvre pour exécuter des travaux nécessaires à leur prospérité ; en mettant à leur disposition des ingénieurs, des savants, des professeurs pour les instruire et les conseiller ; en pratiquant des échanges constants et divers de choses et d'idées ; en un mot, en faisant entre nations ce que l'on fait entre habitants d'un même pays.

c) *Les devoirs du troisième degré (liberté)* en leur marquant de la confiance, de l'amitié, de la cordialité dans les relations ; en venant à leur secours lorsqu'ils sont atteints par le malheur, la famine, les épidémies ou des cataclysmes naturels ; en défendant leur liberté en cas d'attaque injustifiée par un ennemi plus puissant .

Ces devoirs ne sont pas observés

Ces devoirs n'ont pas été observés jusqu'ici. En fait, dans les relations de nation à nation, il y a toujours eu de la défiance, des rivalités, de l'hostilité. La guerre a existé constamment quelque part ; dès qu'un peuple arrive à la puissance, il songe à établir son hégémonie et à subjuguer ses voisins. Tel est le cas de l'Allemagne qui pour réaliser son rêve d'impérialisme (Deutchland über alles) vient de précipiter le monde dans la plus affreuse catastrophe qu'il ait jamais connue. Devant les ruines accumulées à travers l'Europe et surtout dans notre malheureuse France, devant les souffrances, les maladies, les misères, les deuils qu'elle laisse derrière elle, en se remémorant les horribles massacres déchaînés un peu partout, nul n'osera plus soutenir que la guerre est faite pour le bonheur des peuples et des individus.

Pour mettre un terme à la guerre, il faudrait qu'il y eut une société englobant toutes les Nations, un Parlement international, des lois internationales réglant les rapports des peuples entre eux, un tribunal d'arbitrage disposant d'une force armée suffisante pour faire exécuter ses décisions par ceux qui ne voudraient pas s'y soumettre de bonne grâce. Le tribunal arbitral de La Haye a été un timide essai dans ce sens ; le traité de Versailles de 1919 en organisant une Société des Nations « entre alliés » d'abord (mais dans laquelle toutes les autres nations peuvent être admises) pour la défense du Droit des peuples nous rapproche du but et nous fait entrevoir la sublime possibilité d'une paix durable sinon définitive.

Mais ne nous berçons pas d'illusions de peur d'un terrible réveil. En attendant ce jour, peut-être plus prochain qu'on ne le croît, où tous les hommes seront frères, restons sur nos gardes. Ne soyons pas chauvins ; mais restons patriotes sans détester les autre patries. L'amour de l'humanité n'est pas exclusif de patriotisme, pas plus que celui-ci n'est exclusif de l'amour de la famille ou ce dernier de l'égoïsme normal.

N'oublions pas que le dualisme vital est naturel et permanent entre les forces intimes dans l'individu, entre les individus et les groupes dans la société, entre les nations dans le monde ; et ce dualisme, qu'on le veuille ou non, se traduit par la lutte des idées, la lutte des intérêts, la lutte économique, commerciale et industrielle qui n'est pas toujours la lutte pour le bien. Pour que cette lutte dégénère en bataille, que faut-il ? une passion sournoise à laquelle on ne prend pas garde d'abord, qui croît, qui grandit, engendre la haine, haine à laquelle il faut des crimes et du sang... Que ceux qui n'ont pas lutté contre une seule passion mauvaise, que ceux qui n'ont pas vu des hommes aux mauvais instincts, que ceux qui n'ont pas vu des gouvernants conduire un peuple hors des bons chemins soutiennent le contraire. Quant à nous, nous disons : Aimons la paix, faisons le bien ; mais soyons prêts à nous défendre en cas d'attaque, mettons-nous en garde contre les nations qui ne nourrissent pas vis-à-vis des autres un idéalisme désintéressé et des sentiments généreux.

4. Quels sont les conflits qui peuvent se produire à ce sujet et comment y mettre fin ?

1. Deux nations A et B ont signé entre elles un traité d'alliance. La nation A attaque une troisième nation C moins puissante. L'agression est injustifiée et jugée injuste par la nation B. Que doit faire celle-ci ? intervenir aux côtés de son alliée, s'abstenir ou défendre la nation C ?

TROISIÈME PARTIE

Devoirs de l'homme envers la nature

Les devoirs de l'homme envers la nature comprennent des devoirs envers les animaux, des devoirs envers les choses et l'ordre universel.

I

Devoirs envers les animaux

1. Quels sont les devoirs des trois degrés de l'homme envers les animaux ?

Pour répondre à cette question, il faut faire une distinction entre les animaux nuisibles et les animaux utiles.

Les devoirs envers les animaux utiles parmi lesquels se trouvent les animaux domestiques sont : les égards (*respect et justice, premier degré*) ; la protection et les soins (*solidarité, deuxième degré*) ; la douceur et la reconnaissance (*bonté, troisième degré*).

Les devoirs envers les animaux nuisibles sont du premier degré seulement et se résument tous dans les égards que l'on doit à leur sensibilité.

Comme on le voit, ici, pratiquement, on refuse aux animaux sauvages le droit de vivre, même à la plupart des animaux domestiques dont on se nourrit après les avoir fait travailler à nos besoins. Des moralistes admettent qu'on se débarrasse des animaux nuisibles, mais souhaitent qu'on laisse mourir de leur belle mort les animaux domestiques. D'autres moralistes proclament le droit à la vie de tous les animaux hormis certains cas de légitime défense. Ce n'est pas le lieu, ici, de discuter de ces choses. Tenons-nous-en, pour le moment du moins, aux devoirs que nous venons d'énumérer, tout en regrettant du fond du cœur que l'homme soit dans l'impossibilité matérielle d'accorder le droit de vivre à tous les êtres animés, en regrettant que la loi naturelle les force à s'entre-dévorer.

2. Pourquoi l'homme doit-il remplir ces devoirs ?

L'homme doit remplir ces devoirs parce que c'est son intérêt bien entendu ; parce que les animaux sont des êtres qui sentent, souffrent, aiment comme nous ; parce que si nous avons le droit de nous défendre, nous n'avons pas le droit d'infliger des tortures sans nécessité ; parce que les animaux domestiques nous rendent de grands services ; parce que beaucoup d'animaux sauvages nous en rendent aussi.

Pourquoi positif : parce que la loi morale défend de faire souffrir les êtres vivants et de leur ôter la vie.

Pourquoi intime : parce que la Raison et la Conscience nous commandent la bonté ; parce que Dieu veut qu'on exerce son amour et sa pitié envers tous les êtres de la création.

3. Comment l'homme doit-il accomplir ces devoirs ?

Il doit les accomplir en ne faisant pas souffrir inutilement les animaux nuisibles ce qui serait pure cruauté ; en ne maltraitant pas les animaux domestiques, en leur donnant tous les soins qu'ils réclament aussi bien au point de vue de l'hygiène que de la nourriture ; en ne leur faisant pas accomplir un travail exagéré ; en leur accordant de longs instants de repos ; en leur donnant des caresses ; en leur apprenant à obéir par la voix et le geste pour leur éviter les douleurs de l'aiguillon ou du fouet ; en les soignant lorsqu'ils sont malades, en adoucissant leurs vieux jours.

4. Quels conflits peuvent se présenter à ce sujet et comment peut-on y mettre fin ?

1. Un navire fait naufrage. Un passager est sauvé par son chien, avec lequel il aborde un îlot désert, où il ne trouve aucune nourriture ; il risque de mourir de faim en attendant du secours. Il n'a qu'une ressource : tuer son chien avec un couteau qu'il possède pour prolonger son existence. Que doit-il faire ?

II

Devoirs envers les choses

1. Quels sont les autres devoirs de l'homme envers la nature ?

L'homme a encore à remplir envers les choses (végétaux, minéraux, sites, etc.), des devoirs de respect (*conservation, premier degré*), des devoirs *d'embellissement, d'entretien*

(*solidarité, deuxième degré*), d'admiration et de reconnaissance (*amour, troisième degré*).

2. Pourquoi doit-il remplir ces devoirs ?

L'homme doit remplir ces devoirs parce que c'est faire
preuve d'ingratitude, d'égoïsme, de manque de goût,
d'inintelligence que de détruire sans motif sérieux les fleurs
et les arbres qui embellissent les champs, de modifier
l'aspect des sites remarquables qui sont un plaisir pour
la vue, un agrément et un repos pour l'esprit ; parce que
c'est notre intérêt également, car en enlaidissant les sites
nous chassons les promeneurs et les touristes ; parce que
les beautés naturelles, la diversité des lieux et des aspects rendent la vie plus belle; parce que la contemplation
de l'ordre universel élève nos âmes au-dessus des petitesses
de l'existence et nous dévoile notre faiblesse en face des
forces de la nature et des mystères du monde.

Pourquoi positif : parce que la loi morale veut qu'on
respecte la vie jusque dans les choses.

Pourquoi intime : parce que la conscience et la raison
nous conseillent de ne pas nous priver de ce qui augmente
le plaisir de vivre ; parce que Dieu créateur de toutes choses, veut qu'on respecte l'ordre universel.

3. Comment doit-il remplir ces devoirs ?

L'homme doit remplir ces devoirs en veillant à la conservation des rochers, des cascades, des grottes, des forêts
antiques, des vieux monuments, des vieux châteaux, en
un mot de toutes les curiosités qui sont l'œuvre de la
nature ou de l'homme ; en les entretenant, en les conso-
lidant au besoin, en les embellissant si c'est possible, car
il y a une sorte de solidarité entre l'homme et les choses.

4. Quels conflits peuvent se produire à ce sujet et comment y mettre fin ?

1. Un site admirable se trouve sur le tracé d'une voie de chemin
de fer. On peut le préserver de la destruction en faisant un
détour, mais en dépensant davantage et en rendant la voie moins
facile d'accès. Que doit-on faire?

QUATRIÈME PARTIE

Devoirs suprêmes ou devoirs de l'homme
envers le passé et l'avenir,
envers les croyances, les religions, les philosophies, les métaphysiques, envers l'Inconnaissable.

———

Nous aurions pu terminer, au chapitre précédent, l'étude des devoirs pratiques, car nous avons parlé de tous les devoirs qu'il est permis à l'homme d'accomplir. Cependant, nous tenons à dire encore un mot sur un certain nombre de devoirs du troisième degré que nous appelons les devoirs suprêmes.

Lorsque l'homme a accompli tous ses devoirs pratiques individuels et sociaux, il s'élève plus haut et contemple le temps et l'espace et leur mystère ; il se rappelle le passé regarde le présent et scrute l'avenir. « Il établit des systèmes pour étayer son esprit vacillant et sa croyance éparse et fait de vains efforts pour s'élever à l'absolu. » Lorsque des hauteurs vertigineuses où le portent son recueillement et sa méditation, il regarde l'abîme insondable qui renferme le néant ou la vie éternelle, il se sent petit, humble, meilleur et prend la résolution d'ennoblir son existence terrestre par des préoccupations désintéressées.

Il prend la résolution de s'imposer le devoir de conserver le souvenir du passé (premier degré), de tenir compte de ses enseignements (deuxième degré), de lui garder de la reconnaissance pour les bienfaits qu'il en a reçus (troisième degré) : d'aider à la conservation des biens actuels acquis par la société (premier degré), de travailler à les augmenter, à faire servir le présent à la préparation de l'avenir (deuxième degré), d'aimer la vie dans ceux qui continueront son œuvre (troisième degré).

Il prend la résolution, après avoir satisfait à l'idéal positif pratique, de satisfaire à son idéal intime (métaphysique, philosophique ou religieux) et d'admettre, en conséquence, comme naturelles et légitimes les croyances d'autrui et de contribuer à mettre les croyants à l'abri des persécutions sans distinguer entre eux.

Malgré les apparences contraires, en effet, toutes nos croyances sont sœurs ; elles ont toutes le même père, notre cœur, la même mère, notre sensibilité, la même source, la vie, le même domaine, l'infini ; et au-dessus de ces causes immédiates, elles ont toutes pour cause profonde, la même cause première et pour fin l'affirmation de cette même cause qui est la réalité inconnue.

Elles n'aboutissent pas toutes au même idéal parce qu'elles n'attribuent pas la même nature à la réalité cachée ; mais elles sont nourries de la même substance sensible et morale et de la même sincérité. Toute croyance est sincère et nous ne comprenons pas qu'on parle de croyances qui ne sont pas sincères, l'homme qui affiche une croyance qu'il n'a pas n'étant pas un croyant. Tous les hommes qui croient sont dignes de respect ; nous disons bien, les hommes, car, nous le répétons, ce sont moins les croyances en elles-mêmes que l'on respecte que l'homme qui croit.

Mais qu'on ne se méprenne pas sur le sens que nous donnons au mot respect. Le respect des croyances consiste, pour nous, à respecter le fait de croire, le fait moral en lui-même ; mais ce respect n'empêche nullement de rejeter l'objet de la croyance.

Ce n'est pas manquer au respect des croyances que de rejeter cet objet, de le discuter même, de bonne foi, sans parti pris, courtoisement. Ce serait y manquer que de traiter d'absurdes les croyances des autres, indépendamment de leur objet, que de ne pas admettre qu'on puisse croire différemment que soi, que de combattre, en sectaire et en fanatique, les croyances d'autrui dans le but de l'obliger, par la contrainte ou le ridicule, à les abandonner.

Sans cette distinction, il y aurait toujours équivoque, équivoque qui servirait les mauvaises personnes, les hypocrites et les gens haineux. Si on respectait les croyances non seulement dans le fait moral, mais dans leur objet, il n'y aurait plus de persuasion ni d'opposition permises, tandis qu'on peut respecter les hommes profondément tout en rejetant l'objet de leurs croyances, de leur foi. Si l'on admettait qu'il n'y a qu'un seul objet, un objet bien déterminé qui doive servir d'assise à nos croyances, on pourrait, comme cela s'est produit trop souvent dans le passé, discuter l'homme au nom de cet objet mystérieux et même en profiter pour attenter à ses biens, à sa liberté et à sa vie même.

L'homme supérieur, l'homme vertueux s'imposera donc le devoir de respecter et de faire respecter ceux qui ont une religion ou professent une philosophie quelle que soit cette philosophie ou cette religion ; il s'imposera enfin le Devoir, parce qu'il en a le droit, de faire respecter ceux qui croient en Dieu, à la Matière ou au Mouvement, à l'Idée, à la Raison et à la Conscience, parce que, là, véritablement, est la fin de l'éducation morale de l'homme.

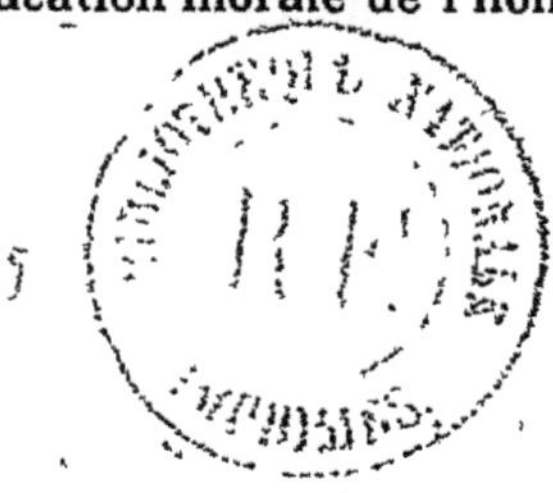

FIN DU QUATRIEME LIVRE

Table des Matières

LIVRE III.
Morale Théorique.

LIVRE IV.

Morale Pratique.

FIN

IMPRIMERIE
DE
LA TRIBUNE RÉPUBLICAINE
10, PLACE JEAN-JAURÈS
SAINT-ETIENNE
(LOIRE)